Claudio Lupo, Irina Zaytseva

Propedeutica musicale dai 6-8 anni

40 schede-gioco
33 canzoni
15 vocalizzi moderni
14 partiture e progetti di musica d'insieme strumentale

collana
Musica Ludica
Manuale per l'insegnamento della musica attraverso il gioco dai 3 anni al primo periodo di strumento.

Quaderno 4

Work consists of whatever a body is obliged to do, and [...] play consists of whatever a body is not obliged to do.
Mark Twain (*Tom Sawyer*)

Lavoro è tutto ciò che siamo obbligati a fare, e [...] gioco è tutto ciò che non siamo obbligati a fare.

Musica Ludica è un percorso didattico completo, svolto attraverso il gioco e il canto, dalle primissime esperienze col mondo dei suoni allo studio del pianoforte e all'alfabetizzazione musicale. Nasce da anni di esperienza didattica degli autori nell'ambito dei corsi di musica per bambini.

E' ordinato per livelli successivi di difficoltà, lascia comunque massima libertà all'insegnante nella composizione di percorsi personalizzati e adattabili alle singole esigenze.

Sette quaderni (*Propedeutica 3-4 anni, 4-5 anni, 5-6 anni, 6-8 anni, Pianoforte, Solfeggio, Il metodo*) contengono tutti i materiali utili e necessari per svolgere negli anni un concreto lavoro formativo in un'atmosfera creativa ed entusiasmante, più di **350 composizioni e giochi musicali** così suddivisi:

85 giochi-esercizi, 85 brani per una, due, tre voci e pianoforte (con la parte di pianoforte realizzata per esteso brani originali, popolari e del repertorio classico adatti ai bambini), **14 partiture strumentali e progetti di musica d'insieme** per strumenti propedeutici, **15 vocalizzi moderni** per voci di bambini, **12 schede-gioco per lo studio del pianoforte, 6 musiche-gioco, 50 brani facilissimi per pianoforte, 6 brani per ensemble (pianoforte e strumenti propedeutici), 3 brani facilissimi per pianoforte a quattro mani, 39 dettati ad una e due voci, 30 melodie da cantare, 8 schede-gioco per un approccio divertente e creativo alla lettura, al dettato e all'analisi musicale elementare.**

Tutti i materiali disponibili nella serie *Musica Ludica*

Quaderno n. 1   Propedeutica di gruppo 3-4 ANNI
16 schede-gioco + 14 canzoni per voce e pianoforte

Quaderno n. 2   Propedeutica di gruppo 4-5 ANNI
14 schede gioco + 17 canzoni per voce e pianoforte

Quaderno n. 3   Propedeutica di gruppo 5-6 ANNI
15 schede- gioco + 21 canzoni per voce e pianoforte

Quaderno n. 4   Propedeutica di gruppo 6-8 ANNI
40 schede-gioco (di cui 15 schede gioco per la lettura delle note e 3 schede
gioco per l'educazione della voce)
33 canzoni per voce e pianoforte
15 vocalizzi moderni
14 tra partiture strumentali e progetti di musica d'insieme

Quaderno n. 5   Pianoforte
12 schede-gioco per un approccio ludico e creativo allo strumento
 6 musiche-gioco (a completamento della scheda n.7 - *Musica coi buchi*)
13 pezzi facilissimi per il primo periodo tratti dal repertorio propedeutico (11
originali e 2 popolari)
37 pezzi originali facilissimi in stile moderno
6 brani facilissimi per piccolo ensemble (pianoforte e strumenti propedeutici)
3 pezzi facilissimi a quattro mani

Quaderno n. 6   C'era una volta il solfeggio
8 schede-gioco e 70 brani per un approccio divertente e concreto alla teoria, al
canto e al dettato musicale:
8 schede-gioco per cantare, inventare, suonare e apprendere in gruppo
27 dettati facilissimi ad una voce
30 facilissime melodie da cantare
13 dettati facilissimi a due voci

Quaderno n. 7   Il metodo
Approfondimenti didattici
Immagini da usare in alcuni giochi

LEGENDA - SCHEDE-GIOCO

 Giochi in cui l'uso del corpo è veicolo fondamentale nel processo di apprendimento.

 Giochi per sviluppare l'attenzione e la concentrazione.

 Giochi per lo sviluppo e l'affinamento delle capacità di discriminazione delle altezze sonore.

 Giochi per lo sviluppo e l'affinamento delle capacità legate all'aspetto ritmico.

 Giochi specifici per lo sviluppo della vocalità.

 Giochi propedeutici alla lettura delle note su pentagramma.

 Giochi volti allo sviluppo della prassi strumentale.

 Giochi che contribuiscono allo sviluppo della creatività.

Quaderno n. 4 - indice

SCHEDE-GIOCO

VOCALIZZI

PARTITURE

PROGETTI E PARTITURE STRUMENTALI

Schede gioco

1. IL POPOLO DELLA FORESTA

Acquisizioni	Approccio alla prassi esecutiva ritmica di gruppo. Sviluppo delle capacità d'ascolto. Senso ritmico.
Età	6-8 anni.
Descrizione sintetica	Un bambino inizia a suonare un determinato ritmo, poco a poco si aggiungono tutti gli altri.
Presentazione del gioco ai bambini	*"Il re del popolo della foresta chiama a raccolta i suoi sudditi col richiamo del proprio tamburo".*
Materiali utilizzati	Strumenti a percussione.
Svolgimento del gioco	I bambini disposti liberamente nella stanza, preferibilmente lungo una linea spezzata che rappresenti in modo immediato un percorso. Ognuno suona uno strumento a percussione. Un bambino inizia a suonare piano un ritmo a piacere, reiterandolo. Dopo un poco un altro bambino si unisce a lui e così via finché tutti suonano contemporaneamente lo stesso ritmo. Si suona un poco tutti insieme, poi, gradatamente, gli esecutori smettono di suonare (possibilmente nello stesso ordine di entrata). L'ultimo esecutore continua un poco da solo e conclude.
Sviluppi e varianti	1. Una volta che tutti si trovano a proprio agio si può introdurre un attacco pianissimo e il graduale crescendo. Si suona un poco tutti insieme, forte, poi poco a poco si inizia un diminuendo e gradatamente gli esecutori smettono di suonare. L'ultimo esecutore continua un poco da solo nel pianissimo e conclude.

	2. Gli esecutori cessano di suonare in ordine inverso a quello di entrata. Questa variante, unita alla precedente obbligherà i bambini che si inseriscono per ultimi a concentrarsi sul volume e sulla dinamica in modo particolare, essendo il loro intervento molto limitato. Si farà attenzione a dare a tutti l'opportunità di sperimentare questa situazione. 3. Quando un esecutore si inserisce nel contesto, l'esecutore precedente suona ancora un poco quindi si ferma (anziché avere una stratificazione di suoni, ogni esecutore dà il cambio al precedente in una sorta di staffetta). 4. Uno o due bambini suonano uno strumento melodico. Mentre il resto del gruppo esegue il gioco i bambini che suonano gli strumenti melodici si inseriscono di tanto in tanto con una breve parte (concertata con l'insegnante o totalmente d'invenzione). Suonano sempre la stessa parte, intervallata da pause significative.
Soluzioni, accorgimenti, riflessioni	E' opportuno affiancare il bambino che ha qualche difficoltà a riprodurre un determinato ritmo senza spiegazioni, semplicemente suonando accanto a lui. Allo stesso modo si interviene quando un bambino non ha idee su come iniziare (inventare un ritmo).

2. AMICI GATTI

Acquisizioni	Capacità di individuare e seguire il moto ascendente e discendente per salto e la relativa notazione su pentagramma.
Età	6 - 8 anni.
Descrizione sintetica	Stesse modalità del gioco omonimo per i 4 - 5 anni, con spostamenti per salto e, successivamente, visualizzando su pentagramma.
Materiali utilizzati	Due figure di animale (cartone, peluche, etc.). Scala disegnata su foglio o alla lavagna, successivamente anche foglio pentagrammato.
Svolgimento del gioco	Prima del gioco si decide quale animale viene associato all'insegnante e quale ai bambini. L'insegnante anima, uno alla volta, i due personaggi (due figure di animale): il primo animale si muove, sulla scala verso l'alto o verso il basso, per grado congiunto o per salto, per un numero di gradini a piacere. Il secondo animale imita esattamente il movimento del primo: stesso numero di gradini, stesso gradino di partenza e stesso gradino d'arrivo. Ad ogni gradino corrisponde un suono della scala musicale, come su una tastiera diatonica; ne consegue la sonorizzazione del moto visualizzato dai personaggi con piena corrispondenza riguardo ai gradini/gradi della scala percorsi e riguardo alla direzione (ascendente o discendente). Ogni movimento del primo personaggio è sottolineato dal canto dell'insegnante utilizzando i suoni della scala diatonica per un numero di *gradini* uguale e nello stessa direzione del personaggio animato con le mani.

	Al secondo personaggio danno voce i bambini, che ripeteranno per imitazione quanto appena cantato o suonato dall'insegnante.
Sviluppi e varianti	Utilizzare di volta in volta un diverso peluche o un piccolo giocattolo portato da un bambino. Appena tutti saranno in grado di riconoscere almeno un poco i simboli delle note su pentagramma nell'intervallo di ottava il gioco potrà essere svolto su un pentagramma, con le otto note do3 - do4. L'esercizio costituisce un efficace *trait d'union* tra la facoltà di *visualizzazione* interiore relativa all'intonazione delle note della scala e la notazione su pentagramma. Nel caso si debba attendere ancora un poco sulla visualizzazione della scala (in attesa di avere affrontato la lettura di tutte le note necessarie su pentagramma) si potrà usare la *vecchia* scala disegnata con l'indicazione del nome della nota su ogni gradino. Si potrà utilizzare il movimento di una mano (dita unite, palmo rivolto verso il basso) per visualizzare l'altezza delle note.
Soluzioni, accorgimenti, riflessioni	E' opportuno iniziare il gioco da una tonica. Privilegiamo, per il livello qui proposto, intervalli di terza alternati a gradi congiunti.

3. COMPOSIZIONE VOCALE ESTEMPORANEA GUIDATA

Acquisizioni	Capacità di ascolto e imitazione. Prontezza all'attacco e inserimento in un contesto d'insieme.
Età	6 - 8 anni.
Descrizione sintetica	Due sezioni si alternano cantando un frammento sonoro basato sulla ripetizione d'una nota precedentemente assegnata. L'insegnante indica in modo estemporaneo quale gruppo deve cantare. Alla parte vocale viene affiancato un accompagnamento pianistico.
Materiali utilizzati	Voci, pianoforte.
Svolgimento del gioco	Due gruppi di bambini cantano a turno al segnale dell'insegnante, a battute alterne (4/4), ogni gruppo canta sempre e soltanto una stessa nota (ad esempio: I gruppo *re*; II gruppo *fa-diesis*). Si sceglieranno sempre due note accessibili a tutti per estensione, nel registro medio; ad ogni sezione sarà lasciato lo spazio d'una o più battute, anche in successioni asimmetriche, a discrezione dell'insegnante. In ogni intervento l'insegnante indicherà inoltre, sempre col gesto, se si devono cantare minime, semiminime, semibrevi. La nota da intonare resta invariata, sempre. Per indicare valori più lunghi della semiminima una mano dà l'attacco, l'altra sta aperta col palmo rivolto verso i bambini ad indicare la nota tenuta sino all'attacco sulla nota successiva. Il maestro al pianoforte esegue una successione di accordi, liberamente, allo scopo di rendere varia ed interessante l'esecuzione. L'insegnante *direttore* è posizionato in mezzo ai due gruppi in modo da poter dare l'attacco ai due gruppi agevolmente (i

	due gruppi potranno cantare anche contemporaneamente). Ogni volta l'insegnante si rivolgerà al gruppo cantando insieme ai bambini. Non si può fornire, ovviamente, una partitura per lo svolgimento di un evento che è legato al momento e alla prassi estemporanea; presentiamo qui di seguito a scopo esemplificativo la partitura realizzata a posteriori sulla base di un incontro realizzato dagli autori con un gruppo di età compresa tra i sei e gli otto anni.
Sviluppi e varianti	Scegliamo anche frammenti ritmici di diversa lunghezza, comunque sempre uguali o multipli di $\quarter$. Proseguendo nell'arco di diversi incontri, con gruppi che hanno acquisito una certa sicurezza, si può sviluppare il gioco e decidere di *creare* alcuni *luoghi* comuni, vale a dire brevi successioni/situazioni, frammenti musicali da *richiamare* a comando, reiterandoli mentre l'altra sezione si sovrappone con un altro pattern. Si possono inserire pattern ritmici con le mani oppure frammenti eseguiti a cori alternati. L'insegnante segnalerà sempre al singolo gruppo il momento in cui smettere di ripetere un determinato passo.
Soluzioni, accorgimenti, riflessioni	Accettare le imperfezioni del singolo, anche lievi (lievi) ritardi e imprecisioni, a favore della spontaneità e dell'inserimento rilassato nella prassi estemporanea Se si lavora in due (un insegnante canta e dirige, l'altro suona) c'è bisogno di attenzione continua e di una certa preparazione in armonia e composizione, o almeno una discreta pratica, allo scopo di *intuire* come potrebbe progredire, a breve, l'invenzione estemporanea. Ci troviamo nuovamente a constatare come i risultati più soddisfacenti siano legati, evidentemente, alla presenza contemporanea di due insegnanti.

Composizione vocale estemporanea guidata. Esempio.

19

4. IL GIARDINO SONORO

Acquisizioni	Esecuzione strumentale solistica. Capacità di concentrazione. Spazializzazione del suono. Focalizzazione del concetto di *melodia*.
Età	6 - 8 anni.
Descrizione sintetica	A turno ogni bambino esegue una piccola melodia su singole barre intonate o campane tubolari dislocate nello spazio.
Materiali utilizzati	Campane tubolari o singole barre intonate dislocate nello spazio.
Svolgimento del gioco	A turno ogni bambino inizia un percorso nello spazio passando vicino a diverse campane tubolari appese, oppure (più verosimilmente) vicino a barre intonate poggiate su supporti occasionali (sedie, sgabelli). Gli strumenti vengono suonati al passaggio, uno dopo l'altro, in un ordine prestabilito (il percorso sarà indicato da numeri successivi posti vicino ad ogni barra oppure indicato dall'insegnante, che effettuerà il percorso per primo). Il percorso stesso è una visualizzazione di una melodia. Le note avranno tutte un unico valore, una stessa durata.
Sviluppi e varianti	1. Ogni bambino resta vicino ad uno strumento (quindi ad una sola campana o ad una sola barra con una sua specifica frequenza). L'insegnante indica a turno e a tempo il bambino che deve suonare. Il gruppo diventa così un grande strumento: un'unica melodia sarà formata dall'intervento successivo di ogni singolo bambino col proprio strumento.

	2. Canone: l'insegnante inizia il percorso sonoro; l'allievo attende e parte ad un segnale dell'insegnante con la stessa melodia (stesso percorso) dando così luogo ad un canone. Col tempo si può introdurre una maggiore varietà ritmica in relazione con la distanza fisica tra le diverse barre (attenzione, ci sarà bisogno, in questo caso, di un più alto grado di sincronismo e padronanza sia ritmica che di movimenti nello spazio). La parte da suonare può essere precedentemente memorizzata tramite ascolto/imitazione oppure lettura. Accanto ad ogni barra intonata/campana potrà essere appeso un frammento di pentagramma con la nota da suonare.

5. L'ASCENSORE

Acquisizioni	Rappresentazione mentale ed intonazione di un suono dato. Moto obliquo.
Età	6 - 8 anni.
Descrizione sintetica	Moto obliquo: canto/visualizzazione.
Materiali utilizzati	Pianoforte, voce.
Svolgimento del gioco	L'insegnante al pianoforte suona una nota tenuta nel registro medio. Visualizza con una mano la posizione della nota (abbastanza in alto, tuttavia senza specifici riferimenti spaziali). Parte dal registro basso senza un'intonazione identificabile e poco a poco in glissando raggiunge il suono dato. Mentre la voce arriva ad intonare la nota suonata al pianoforte la mano in movimento raggiunge e affianca l'altra. L'insegnante al piano *ambienta* l'esercizio armonicamente (semplici accordi: I - IV - V grado).
Sviluppi e varianti	Uno dei due insegnanti canta la nota data e l'altro, insieme agli alunni, esegue il glissando dal basso per raggiungere l'unisono. E' opportuno, prima dell'esercizio-gioco, dare un breve esempio che verrà soltanto osservato e ascoltato dagli alunni.
Soluzioni, accorgimenti, riflessioni	E' possibile che non tutti arrivino nello stesso istante alla nota data. Non si devono avere qui esigenze particolari sotto il punto di vista del tempo: l'esercizio è volto a sviluppare le capacità d'intonazione e ascolto.

6. LA FATTORIA MUSICALE

Acquisizioni	Inserimento in un contesto ritmico/ attacco a tempo.
Età	6 - 8 anni.
Descrizione sintetica	Ritmi eseguiti con la voce e con le mani a turno e a tempo, stando seduti in circolo.
Materiali utilizzati	Mani, voce.
Svolgimento del gioco	Tutti seduti in circolo. Si stabilisce il percorso, in senso orario o antiorario e, a turno, l'uno dopo l'altro, si ripete ritmicamente il verso di un animale: due volte ciascuno, un bambino dopo l'altro in modo da formare un'unica successione di impulsi regolari senza soluzione di continuità. Ogni bambino, imitando il verso di un animale batte le mani con lo stesso ritmo. Ad ogni giro si cambia verso di animale: bau - bau; muu - muu; bee - bee. Si stabilisce l'ordine di successione dei versi e si forma così un'unica stringa ritmica senza soluzione di continuità.
Sviluppi e varianti	Inizialmente sarà l'insegnante a dare l'attacco iniziale e suggerire il verso di ogni animale ad ogni giro, in seguito si potrà lasciare l'iniziativa ai bambini.
Soluzioni, accorgimenti, riflessioni	Vi saranno sempre alcuni bambini con qualche problema iniziale, sta all'insegnante in questi casi indicare col gesto il turno di ogni bambino, dando un attacco, a tempo. Non si darà l'attacco al solo bambino che incontra qualche problema bensì, per l'intero giro, a tutto il gruppo. Non sottovalutare questo gioco. Non è sempre facile per un bambino inserirsi in un contesto di gruppo con prontezza e sicura scelta di tempo.

7. LA SCALA COI BUCHI

Acquisizioni	Pensare e cantare intervalli per salto.
Età	6 - 8 anni.
Descrizione sintetica	Si cantano e visualizzano scale. L'insegnante indica in modo estemporaneo di tacere su un determinato grado della scala.
Materiali utilizzati	Mani, voce, lavagna o foglio.
Svolgimento del gioco	Si scrive alla lavagna una scala su pentagramma, se sono stati già acquisite le posizioni delle note su pentagramma, altrimenti disegnando: Si canta una scala a tempo, con durate omogenee, visualizzandola con la mano. L'insegnante visualizza gli spostamenti sulla scala utilizzando un oggetto (giocattolo, animale di peluche, etc.). Tutti i gradi della scala vengono indicati dall'insegnante. Ogni grado occupa un determinato lasso di tempo. Durante l'esecuzione però, in modo inaspettato, su un determinato grado l'insegnante indica di tacere. La scala però non viene interrotta, prosegue dopo la pausa col grado successivo. Si canta sia in senso ascendente che discendente.

Sviluppi e varianti	A turno, ognuno viene chiamato ad eseguire (cantare) una scala inserendo *un buco* a piacere. La scala viene visualizzata con la mano.
Soluzioni, accorgimenti, riflessioni	Se qualcuno non riesce e rischia di perdere il controllo dell'intonazione, invece di tacere su un determinato suono, si canterà pianissimo, in contrasto col resto della scala che verrà cantata forte.

8. LA TORTA DI SUONI

Acquisizioni	Sviluppo dell'orecchio polifonico.
Età	6 - 8 anni.
Descrizione sintetica	Progressiva sovrapposizione di differenti note di un accordo cantate da altrettante sezioni corali.
Materiali utilizzati	Pianoforte, voce.
Svolgimento del gioco	Bambini divisi in due sezioni. All'attacco dell'insegnante la prima sezione attacca a cantare una nota precedentemente stabilita e la ripete ritmicamente senza soluzione di continuità (poniamo, la fondamentale di un accordo). Mentre la prima sezione continua a cantare, la seconda sezione attacca, al gesto dell'insegnante, una seconda nota ripetuta, stesso ritmo della prima ma su una diversa frequenza (ad esempio la quinta dell'accordo). L'insegnante ad ogni attacco canta la nota con la sezione che inizia a cantare e sostiene, al pianoforte, la parte della voce precedente con la nota più acuta dello strumento. Nell'esempio uno verrebbero considerate la prima e la terza voce, rispettivamente sul si e sul mi. E' importante far durare poco ogni ripetizione.
Sviluppi e varianti	1. Variare l'ordine d'entrata. 2. Scegliere raggruppamenti di note interessanti, non necessariamente corrispondenti ad accordi (combinazioni non accordali nelle parti vocali permettono inserimenti pianistici più vari ed interessanti). 3. Introdurre crescendo e diminuendo. 4. A tre voci, per gruppi progrediti. Sono necessari due insegnanti. Uno segue da vicino la prima sezione, l'altro insegnante, al pianoforte, canterà con la

	seconda sezione mentre sosterrà la terza attraverso la parte strumentale.
	5. Esecuzione scalare: dopo aver raggiunto l'*accordo* di tre suoni le tre sezioni cessano di cantare nello stesso ordine d'entrata.
	6. Su indicazione dell'insegnante, a turno le singole sezioni tacciono per inserirsi dopo poco nel contesto sonoro (esempio 2).
Soluzioni, accorgimenti, riflessioni	Sta all'insegnante al pianoforte usare accompagnamenti coinvolgenti ed armonie semplici e al contempo varie, collegando gli accordi anche in modo disinvolto (vedi esempio 1).

Esempio 1

L'esempio seguente è decisamente elementare, anche per la scelta delle armonie nella parte pianistica. Osserviamo la modularità dell'idea: con una scelta totalmente *neutra* nella parte vocale siamo in grado di assemblare battute pianistiche e parti vocali come mattoncini *Lego*.
La nota di ogni singola sezione resta invariata, tutt'al più possiamo chiedere ad una sezione di tacere per una battuta e di reinserirsi subito dopo. Insieme al gesto di stop e d'attacco l'insegnante dovrà ricordare sempre di guardare in volto i bambini, anche durante questa elementare improvvisazione e di cantare con loro nel momento in cui si reinseriscono; queste osservazioni all'apparenza elementari sono state inserite qui perché il lavoro dell'insegnante che cura la parte vocale, moltiplicato per tre sezioni da assistere continuamente è incessante.

etc.

Esempio 2

staccato

Si vede bene nel secondo esempio la modularità delle diverse battute. La parte di pianoforte resta invariata rispetto all'esempio 1, si può praticamente inserire ogni voce a piacere, sempre.

Combinazioni accordali più interessanti e varie sono subordinate alle scelte dell'insegnante al pianoforte. Non dimenticare l'efficacia dei contrasti e la possibilità di scegliere tempi meno veloci e parti meno connotate ritmicamente.

Non dimentichiamo però che anche i bambini di famiglie con un elevato livello culturale sono *bombardati* spesso, attraverso differenti media, da musica di fattura piuttosto elementare. Fin troppo, a volte. Accanto al brano di musica classica eseguito, ad esempio, nel *Gioco delle statuine* non esitiamo a scegliere successioni basate su accordi più fruibili, come quelli appena illustrati.

9. TOMBOLA DEI SUONI

Acquisizioni	Riconoscimento dell'unisono.
Età	6 - 8 anni.
Descrizione sintetica	Si gioca come alla tombola, divisi in due *squadre*: si estraggono suoni al pianoforte. Quattro barre intonate sostituiscono la *cartella* della tombola.
Materiali utilizzati	Pianoforte o altro strumento, per l'insegnante. Quattro barre intonate per gruppo. Naturalmente, le barre date ai due gruppi non dovranno essere esattamente corrispondenti per frequenza (non devono avere esattamente le stesse note, così come due cartelle della tombola non hanno gli stessi numeri).
Svolgimento del gioco	I bambini siedono, divisi in due gruppi. Ogni gruppo ha una *cartella della tombola*, vale a dire quattro barre intonate. Si nomina un *referente*. Attorno a quest'ultimo i bambini del gruppo si consigliano e scambiano le proprie ipotesi allo scopo di verificare se il suono *estratto* di volta in volta dall'insegnante corrisponde ad una delle barre intonate. Per ogni suono estratto il referente del *primo gruppo* dovrà comunicare all'insegnante se tra le proprie barre c'è un suono all'unisono con quello. In caso negativo si passa subito al gruppo successivo, in caso affermativo viene suonata la barra all'unisono col suono appena *estratto* dall'insegnante. Subito dopo si passa a verificare col gruppo successivo. Un gruppo vince quando tutti i suoni delle proprie barre sono stati *estratti*.
Soluzioni, accorgimenti, riflessioni	Naturalmente non si deve giocare in modo passivo, l'insegnante condurrà i bambini sempre a verificare attentamente se il suono *estratto* è presente o meno tra le

barre del gruppo, in caso di errore sarà altrettanto utile fare una verifica suonando di nuovo, in successione, il suono *estratto* dall'insegnante e quello riconosciuto come identico dai bambini.

Appena *estratto* un suono c'è bisogno di confrontarlo con quelli delle barre; per quanto ci si raccomanderà di provare *piano* sarà inevitabile una certa sovrapposizione di suoni. Tale sovrapposizione non darà alcun fastidio se i gruppi saranno fisicamente abbastanza distanti.

La verifica e la ricerca del suono corrispondente passerà sempre attraverso il canto, elemento di fondamentale importanza.

Non bisogna sottovalutare questo gioco, non si tratta soltanto di rendere *piacevole* l'educazione dell'orecchio: giocare in gruppo ha il vantaggio di sviluppare il confronto, l'autoapprendimento, incoraggia i più timidi e permette di fare esperienza di riconoscimento e discriminazione senza ansie né timori.

10. NOTE NELL'ARIA

Acquisizioni	Immagine mentale della scala diatonica.
Età	6 - 8 anni.
Descrizione sintetica	L'insegnante canta e visualizza con le mani le note d'una scala diatonica. Gli allievi visualizzano con le mani e intonano i suoni corrispondenti.
Materiali utilizzati	Voce, mani.
Svolgimento del gioco	L'insegnante sta di fronte agli alunni, in piedi; canta alcune note, abbastanza lunghe, lentamente. Di ogni nota visualizza con una mano - palmo rivolto verso il basso - l'altezza relativa rispetto alle altre note del gioco. Ad ogni nota gli allievi imitano con le mani e con la voce.
Sviluppi e varianti	Quando gli alunni sono un poco più sicuri l'insegnante passa all'indovinello vero e proprio: visualizza senza cantare i gradi della scala e chiede agli alunni di rendere udibile il suo gesto. I bambini saranno spronati a rappresentare mentalmente i suoni. L'insegnante interverrà, se necessario, cantando, continuando poi sempre un poco in ritardo rispetto ai bambini, per dare il giusto apporto di sicurezza, una conferma insomma.
Soluzioni, accorgimenti, riflessioni	Volendo l'insegnante può anche evitare di presentare questo gioco come indovinello e semplicemente, poco a poco, ritardare ad arte il momento della propria emissione rispetto a quella dei bambini, così da spingerli sempre più a prendere l'iniziativa.

11. PUZZLE

Acquisizioni	Individuazione di un *percorso* melodico all'interno di un insieme di note. Organizzare e memorizzare una serie di frequenze.
Età	6 - 8 anni.
Descrizione sintetica	Utilizzando da tre a cinque barre intonate i bambini ricostruiscono un breve frammento melodico realizzato al pianoforte.
Materiali utilizzati	L'insegnante suona una breve successione di note (da tre a cinque). Gli alunni, divisi in due gruppi, hanno a disposizione in ogni gruppo una serie di barre intonate esattamente corrispondenti per numero e frequenza ai tasti suonati dall'insegnante. Sanno quindi che per la stringa melodica verranno usate tutte le note loro assegnate e soltanto quelle. Il gioco consiste nel riordinare i suoni disponendoli nello stesso ordine con cui sono stati eseguiti dall'insegnante. Tutti i bambini cooperano a ricostruire il frammento melodico nella giusta successione. Un bambino in ciascun gruppo regge il battente e funge da riferimento eseguendo il frammento melodico secondo i vari suggerimenti.
Svolgimento del gioco	Pianoforte (o altro strumento), barre intonate.
Sviluppi e varianti	1. Introdurre un intervallo particolarmente difficile rispetto al livello del momento: gli intervalli più facilmente percepibili vengono dati nella parte iniziale della stringa melodica così da favorire l'apprendimento per l'intervallo di più difficile identificazione. Certamente, restando una sola barra a disposizione, i bambini non sono spronati a *cercare*

	il suono da individuare ma l'obbiettivo è far ascoltare, far memorizzare il nuovo intervallo e favorirne una *frequentazione* nel tempo. 2. Si può introdurre nel puzzle un intervallo particolarmente ampio. 3. Si può assegnare in seguito una nota *in più* rispetto a quelle presenti nella melodia proposta; tale nota estranea al puzzle dovrà essere individuata nel corso del gioco. 4. E' importante supportare i bambini nella ricerca delle note specialmente le prime volte, spingendoli contemporaneamente ad individuare attraverso il canto la giusta successione di note.
Soluzioni, accorgimenti, riflessioni	Il gioco si presta ad essere effettuato con due minigruppi. I motivi: 1. Una leggera competitività dà più *sale* al gioco e rende tutto più divertente. 2. Minore il numero di bambini impegnato su una serie di barre intonate, maggiore l'insegnamento che ne trae ogni singolo bambino. 3. Il confronto all'interno di una *squadra* sull'ordine d'esecuzione delle barre contribuisce in misura notevole alla collaborazione e all'autoapprendimento. Alla fine del gioco ci sarà la verifica: l'insegnante suona e canta con un gruppo alla volta la successione esatta (i bambini cantano ed eseguono la melodia sulle proprie barre intonate).

12. TONICA BLUES

Acquisizioni	Intonare con sicurezza una nota isolata. Respiro a tempo. Inserimento in un contesto d'insieme con sicurezza e spontaneità.
Età	6 - 8 anni.
Descrizione sintetica	Sopra un pattern ritmico/armonico gli alunni si inseriscono a tempo intonando una nota prestabilita alla fine di un portamento.
Materiali utilizzati	Voce, pianoforte.
Svolgimento del gioco	L'insegnante inizia un pattern ritmico su accordi di ambientazione blues in 4/4. Ogni due battute, sull'ultimo quarto della seconda battuta, gli allievi si uniscono al pianoforte con la voce e, partendo da un'altezza a piacere, arrivano con un portamento alla tonica sul battere successivo. Si riprende il ciclo di due battute. In levare va bene ogni nota, anche vicinissima alla tonica, anche un suono non identificabile, purché eseguito liberamente: lo scopo è di eliminare ogni tensione ed ogni timore o rigidità.
Soluzioni, accorgimenti, riflessioni	L'attacco *in levare* della voce non ha luogo necessariamente su una nota precisa. Obiettivi del gioco: respirare a tempo, convogliare l'attenzione, la concentrazione sulla nota di arrivo, in battere, con rilassatezza e spontaneità. La stessa idea esposta in questa scheda viene ripresa come vocalizzo (vocalizzi 12 e 13).

Esempio 1

Esempio 2

Esempio 3

Esempio 4

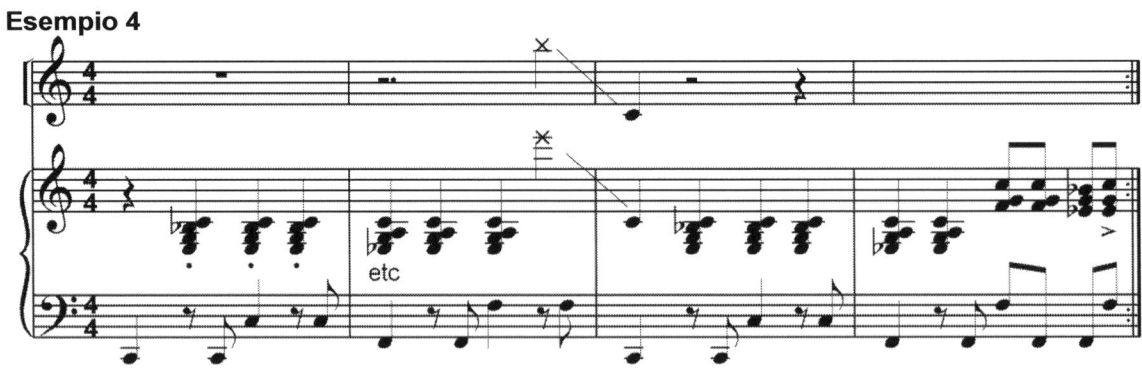

Acquisizioni	Propedeutica all'esecuzione al pianoforte. Esecuzione d'insieme: suonare a tempo, seguire un attacco.
Età	6 - 8 anni.
Descrizione sintetica	Primi approcci alla tastiera del pianoforte. Elementari brani strumentali d'insieme.
Materiali utilizzati	Pianoforte.
Svolgimento del gioco	Quando a lezione siamo in pochi, per esempio a causa dell'influenza - con i bambini accade puntualmente in determinati periodi dell'anno - con i gruppi dei più piccoli non vi sono particolari problemi nell'organizzare la lezione mentre coi gruppi d'età più avanzata le canzoni a due sezioni corali sono spesso sbilanciate. Alcuni giochi, con un esiguo numero di partecipanti, possono risultare meno coinvolgenti. E' il momento buono per fare un po' d'esperienza d'insieme, provando per la prima volta a suonare sopra una tastiera di pianoforte (non facciamo caso all'ottava reale, non iniziamo dalla parte scritta ma dai suoni. Quando avremo dinnanzi a noi le parti leggeremo sempre in chiave di violino adattando una o più voci alla zona della tastiera che ci darà il miglior risultato e che risulterà più comoda). Tre esecutori al pianoforte, anche quattro. Si inizia con l'individuare il *do* sulla tastiera con riferimento ai *due tasti neri* proprio accanto. Si posiziona la sola mano destra sulla tastiera curando posizione e rilassatezza. Terminato il lavoro individuale di preparazione si passa all'esecuzione di gruppo, con l'insegnante che coordina e *dirige*.

Sviluppi e varianti	Usiamo facilissimi brani strumentali d'insieme ad esempio i *Concertini*, dalla sezione di partiture d'insieme del quaderno 5, utilizzabili anche per questo periodo propedeutico avanzato. All'occorrenza, se necessario, non sarà difficile costruire altri brani elementari sull'esempio di questi oppure scoprire insieme ai bambini nuove combinazioni sonore e nuovi ritmi. Altra variante raccomandabile è scambiare le parti dopo un poco. Durante la fase di preparazione chi non suona ha modo di osservare il compagno impegnato in prima persona sulla tastiera, questo significa un grande vantaggio nell'apprendimento. Inoltre questa pratica permette ad ogni bambino di conoscere le varie voci della *mini-composizione* e di avere perciò una *visione* polifonica del pezzo.
Soluzioni, accorgimenti, riflessioni	Non c'è bisogno di introdurre subito la parte scritta, concentriamoci sulla tastiera, *tireremo fuori* in un secondo momento le parti. Questi brevissimi pezzi si possono suonare al pianoforte ma anche con barre intonate e metallofono. In pratica, con ogni strumento. L'insegnante si preoccuperà di dare l'attacco e di ricordare a tutti di respirare a tempo. Nonostante questa abitudine sia stata acquisita da tempo, la preoccupazione per la posizione della mano e la responsabilità del singolo, non più inserito in un gruppo, fanno spesso dimenticare ai piccoli esecutori il respiro insieme e a tempo.

14. TAM-TAM

Acquisizioni	Controllo e sicurezza nello *staccare* un tempo. Inserimento del singolo in un contesto di insieme. Crescendo/diminuendo. Sincronizzazione ritmica.
Età	6 - 8 anni.
Descrizione sintetica	Una stringa ritmica *passa* attraverso l'esecuzione di più esecutori, come un *testimone* in una sorta di staffetta musicale: a turno, ogni bambino affianca il precedente e continua a suonare da solo; i bambini si alternano in crescendo (dal pianissimo al forte) e diminuendo (dal forte al pianissimo).
Materiali utilizzati	Strumenti propedeutici, percussioni (preferibilmente *pelli*).
Svolgimento del gioco	Un bambino esegue una stringa ritmica e reiterandola senza soluzione di continuità passa dal pianissimo al forte. Arrivato al forte continua fino a quando non gli si affianca un secondo bambino: stesso ritmo, forte. Il primo termina la propria esecuzione. Il secondo bambino continua da solo in diminuendo. Quando ha raggiunto il pianissimo si affianca un terzo bambino: contemporaneamente il secondo smette di suonare e il terzo continua in crescendo fino al forte; etc.

Tutte le fasi del gioco-esercizio hanno bisogno dell'intervento costante e fattivo dell'insegnante. Sta alla sensibilità di quest'ultimo stabilire di volta in volta quando e quanto a lungo intervenire per indirizzare l'esecuzione. Sarà opportuno accettare, specialmente all'inizio, qualche inesattezza piuttosto che essere troppo presenti. Appena possibile si sceglierà magari di suggerire coi gesti l'attacco (respiro a tempo), il diminuendo, etc. piuttosto che suonare in sovrapposizione al singolo allievo. |

Sviluppi e varianti	*Accelerando* e *ritardando* in luogo di *crescendo* e *diminuendo*. Spazializzazione accentuata attraverso la opportuna dislocazione degli strumentisti. Velocizzare gli interventi dei singoli esecutori. Il primo esecutore può inventare la stringa da eseguire (tutti, ovviamente, sperimenteranno a turno questa possibilità).
Soluzioni, accorgimenti, riflessioni	Specialmente all'inizio qualche bambino potrebbe attendere molto prima di *affiancare* il compagno precedente, in questo caso l'insegnante non dovrà esitare a prendere l'iniziativa suggerendo l'attacco.

Acquisizioni	Senso formale. Forme aperte. Interplay.
Età	6 - 8 anni.
Descrizione sintetica	Inserimento estemporaneo di frammenti ritmici liberamente scelti nell'ambito d'una esecuzione di gruppo.
Materiali utilizzati	Strumenti a percussione a suono indeterminato oppure barre intonate.
Svolgimento del gioco	Nell'aula sono disposti in modo sparso alcuni fogli con brevi e semplici stringhe ritmiche (le cartelle dei solfeggi ritmici della scheda *Monodico/polifonico*). Possono essere appesi alle pareti o poggiati su leggii. A turno, un bambino sceglie un foglio, legge ed esegue il ritmo indicato, possibilmente reiterandolo. Si aggiungono gli altri bambini senza ordine prestabilito, gradualmente, nel momento in cui lo desiderano, scegliendo ognuno un foglio con un diverso ritmo. Unica regola: si chiede ai bambini di *andare a tempo*. Attenzione, cosa significa *andare a tempo* con chi già sta suonando? Significa scegliere un intervallo metrico compatibile; ogni bambino, inserendosi nell'esecuzione adotta un'unità di misura data dalla lunghezza di elementi ricorrenti (ad esempio semiminime o crome) e prenderà tale estensione temporale a modello considerandola come vuole, croma o semiminima. Tutto ciò accadrà intuitivamente, non deve passare attraverso l'aspetto razionale.

	N.B. E' possibile che un bambino suoni al doppio o alla metà del tempo rispetto a un altro. Questo non viene considerato un errore! Al contrario, costituisce uno dei fattori atti a creare ogni volta una differente situazione sonora: <u>non esiste una partitura del brano</u>, il risultato sarà ogni volta diverso. Potrà accadere quindi che due semiminime eseguite da due bambini diversi in una stessa performance abbiano un rapporto di durata 1:2 (quindi che l'una duri la metà dell'altra!). Ciò che conta è soltanto che l'una sia esattamente multipla binaria dell'altra (rapporto 1:2, 1:4, 1:8!), così che sia possibile ripetere nel tempo i vari frammenti dando luogo ad una lunga composizione estemporanea in modo coordinato.
Sviluppi e varianti	1. E' possibile interrompere e riprendere a suonare la singola parte dopo una pausa più o meno lunga. 2. Stesse regole. Si suonano questa volta singole barre intonate (ogni bambino una barra). Si farà attenzione all'assortimento delle barre, scegliendo una combinazione che garantisca un buon risultato uditivo senza correre il rischio di diventare subito monotona. 3. Rispetto alle possibilità di combinazioni di un accordo perfetto maggiore o minore è da preferirsi la scala pentatonica oppure il libero accostamento basato su intervalli *neutri* inseribili in serie accordali di concezione più attuale (seconda, quarta, quinta).
Soluzioni, accorgimenti, riflessioni	Nel caso di bambini con problemi di coordinazione ritmica, ovviamente sta all'insegnante affiancare con uno strumento l'allievo e suonare con lui. Questo gioco sarà preceduto dai solfeggi ritmici della scheda *Monodico/polifonico* di cui qui vengono riutilizzati i frammenti ritmici riportati nelle cartelle a fine testo (v. Quaderno 7 – *Immagini da usare in alcuni giochi*).

16. PASSAPAROLA

Acquisizioni	Memorizzare e cantare un suono appena ascoltato.
Età	6-8 anni.
Descrizione sintetica	Un suono viene cantato a catena, piano, successivamente da ogni bambino di una fila all'orecchio del vicino così che il suono giunga inalterato all'ultimo bambino.
Materiali utilizzati	Voce.
Svolgimento del gioco	I bambini, in piedi, si dispongono nello spazio a disposizione restando per quanto possibile distanti ma formando grosso modo una fila. Ne risulterà una sorta di *serpentone*. L'insegnante canta (o suona) piano all'orecchio del primo bambino una nota che rientri agevolmente nella sua estensione vocale. Il bambino, udito il suono, si sposta verso il compagno più vicino e canta piano all'orecchio di questi la stessa nota. Si continua così, a catena, finché il suono è arrivato all'ultimo destinatario. Questi canterà infine all'insegnante la nota *ricevuta in consegna*.
Sviluppi e varianti	1. Ci si dispone in fila, l'uno a fianco all'altro. 2. Ci si dispone a *V*. L'insegnante (oppure un bambino) si pone al vertice della V e canta contemporaneamente a due bambini delle due diverse file un suono. I due bambini vanno verso le rispettive file ed inizia la staffetta di suoni, all'unisono, contemporaneamente, lungo le due file. Quando i due suoni all'unisono hanno terminato il proprio percorso gli ultimi due bambini delle due file cantano contemporaneamente e a voce alta la nota *ricevuta*.

Soluzioni, accorgimenti, riflessioni	In questo gioco la velocità di esecuzione e la decisione nel cantare aiutano molto. Per *velocità* non deve intendersi la massima velocità possibile bensì la capacità di percepire e ripetere senza tentennamenti, senza indecisioni.
	Non c'è un vincitore. E' un gioco in cui tutti giocano per il piacere stesso di partecipare.
	Qualcuno osserverà che, dopotutto, durante il gioco sarà difficile che gli altri bambini del gruppo non ascoltino la nota che uno di loro sta passando all'orecchio di un altro. Questo fatto, lungi dal costituire un problema, rappresenta anzi uno dei motivi centrali del gioco-esercizio. Ascoltare comunque, sempre un poco del suono che *viaggia* nell'aula aiuta a fissarne la frequenza ed a concentrarsi, prepararsi, a *cantare interiormente* prima ancora di cantare con la propria voce all'orecchio del vicino. D'altro canto la necessità di cantare piano obbliga ad una emissione curata, attenta alla frequenza.
	L'altezza della nota sarà scelta in una tessitura che non richieda particolare impegno a nessuno dei bambini e che sia agevole da cantare piano.

Acquisizioni	Sviluppo delle capacità di lettura/canto in chiave di violino do2 - fa3.
Età	6-8 anni.
Descrizione sintetica	Gioco a squadre. I bambini cantano una successione di otto note scelte da un bambino in modo estemporaneo tra quelle di uno schema preesistente.
Materiali utilizzati	Foglio stampato A4.
Svolgimento del gioco	Si appende di fronte ai bambini un foglio A4 disposto in senso orizzontale con 4 pentagrammi. Ogni pentagramma contiene 4 battute di 2/4 in chiave di violino, otto semiminime in tutto. Sul pentagramma più alto vi saranno tutti *fa3* (primo spazio), sul successivo soltanto *mi3*, sul terzo pentagramma tutti *re3*, sul pentagramma più basso tutti *do3*. I bambini si dividono in due squadre. A turno un componente di una squadra va vicino al foglio e indica ritmicamente (a tempo) in successione due note della prima battuta di un rigo a scelta (*fa,fa/mi,mi/re,re/do,do*). Poi senza soluzione di continuità prosegue scegliendo le due note successive da una delle quattro possibilità offerte per la seconda battuta (*fa,fa/mi,mi/re,re/do,do*) e così via fino alla quarta battuta. I componenti della squadra avversaria hanno il compito di riconoscere e cantare (anche col supporto dell'insegnante) le note indicate. Tutti i componenti delle due squadre si alternano nei due diversi ruoli (direttore e coro).

Soluzioni, accorgimenti, riflessioni	L'insegnante al pianoforte interverrà nei momenti di dubbio e indecisione. Quando avvertirà una maggiore sicurezza da parte dei bambini nell'intonare le note lette inizierà a ritardare impercettibilmente al pianoforte in modo tale da lasciare sempre più la decisione nella scelta della frequenza da cantare ai bambini.

Acquisizioni	Lettura in chiave di violino/intonazione.
Età	6 – 8 anni.
Descrizione sintetica	Il gruppo legge ed intona una breve successione di note predisposta da un bambino.
Materiali utilizzati	Lavagna o foglio pentagrammato.
Svolgimento del gioco	Si formano due squadre. Si stabilisce una serie di 4 note che potranno essere utilizzate durante il gioco. A turno, un bambino di ciascuna squadra va alla lavagna pentagrammata (o può usare un foglio A4 pentagrammato). Scrive nell'ordine che preferisce due delle quattro note date. La squadra avversaria deve intonare le note scritte. Si continua alternando i ruoli delle due squadre.
Sviluppi e varianti	1. Ogni bambino può scrivere tre note. 2. Il numero delle note possibili può essere ampliato sino all'ottava. 3. Si può decidere di iniziare sempre dal do3, soprattutto nei primi tentativi.
Soluzioni, accorgimenti, riflessioni	L'elemento *competizione* costituisce un notevole incentivo all'autoapprendimento del gruppo. I più svelti e sicuri spronano e convincono coloro i quali hanno bisogno di un poco più di riflessione o di coraggio. Il gioco costituisce anche un'opportunità per apprendere

nuove modalità di studio per l'intonazione. Ad esempio dovendo cantare la serie do3 – sol3 – re3 – la3 a partire dal do si trova e memorizza dapprima il re (percorso do – re) quindi si trova il sol e si memorizza il *percorso* sol – la. Si ripetono più volte in successione i *percorsi* 'do-re' e 'sol-la' alternati all'intervallo 'do-sol'. Infine si canta la serie nella sua successione originaria.

Durante il gioco i bambini accettano tranquillamente, come normale, l'intervento dell'insegnante atto a guidare i bambini alla scoperta del metodo utile per cantare una determinata serie di suoni.

19. CAMPANE TIBETANE

Acquisizioni	Interazione con uno strumento. Approccio alla tecnica strumentale.
Età	6 – 8 anni.
Descrizione sintetica	*Scoperta*/confronto con la tecnica strumentale attraverso la prassi diretta.
Presentazione del gioco ai bambini	La presentazione di questi strumenti particolarissimi può avvenire in modo diretto oppure in un momento particolarmente caotico. Abbiamo sperimentato più volte come il suono particolare, l'inviluppo d'ampiezza molto lungo dello strumento e l'invisibilità del movimento della parte vibrante destino l'attenzione dei bambini e suggeriscano uno stato interiore più calmo e attento.
Materiali utilizzati	Campane tibetane di diverse misure.
Svolgimento del gioco	L'insegnante suona una o più campane tibetane. I bambini vengono invitati (più spesso chiedono loro stessi insistentemente) a suonare gli strumenti. L'insegnante fornisce a ciascuno un *battente*, che in effetti viene usato più comunemente tenendolo costantemente a contatto col bordo esterno della campana e ponendolo in rotazione con un moto continuo. Questa maniera di eccitazione del suono è quella che qui ci interessa, sia per il suono particolarmente affascinante, sia per l'apparente staticità dello strumento posto in vibrazione, sia per l'attenzione da riservare al gesto dell'esecutore.

Sviluppi e varianti	Invitiamo successivamente a sperimentare con la mano la vibrazione della campana, a verificare quanto a lungo permane nell'aria la vibrazione confrontando strumenti di misure diverse.
Soluzioni, accorgimenti, riflessioni	Il bambino si avvicina ad uno strumento mosso dalla curiosità, dalla sonorità particolare, dalla apparente staticità dello strumento durante l'emissione sonora. Per la prima volta si trova davanti ad uno strumento *esterno* (non la propria voce) che è possibile suonare soltanto in presenza di una specifica tecnica esecutiva. Su un comune strumento propedeutico a percussione, su una barra intonata, emettere un suono è cosa facile, la semplice percussione con un oggetto basta ad eccitare la vibrazione. Al contrario, in questo caso lo strumento, pur non richiedendo una tecnica esecutiva specifica (come ad esempio un violino o un oboe), impone all'esecutore una certa attenzione al gesto, alla *risposta* dello strumento stesso, impone un certo grado di controllo: una *tecnica*. D'altro canto la tecnica necessaria è sufficientemente semplice per ottenere un risultato gratificante in breve tempo. Inoltre, il desiderio di sperimentare spinge il bambino a superare la difficoltà iniziale nella comprensione della modalità necessarie alla messa in vibrazione. Il bambino apprende così a confrontarsi con uno strumento nel corso di una seppure breve *esecuzione*, apprende ad interagire adattando i propri movimenti alla situazione, alla reazione caratteristica dello strumento nei diversi momenti. In breve: mette in atto i principi di una tecnica esecutiva di base. Come al solito, è infinitamente più semplice sperimentare insieme piuttosto che illustrare attraverso le parole. Alcuni esempi: 1. Inizialmente si deve fare molta attenzione a muovere circolarmente l'avambraccio in modo rilassato e a velocità continua. 2. Il *battente* dovrà restare sempre a contatto con la campana. 3. Subito dopo l'entrata in vibrazione, con l'aumentare della sonorità, c'è bisogno di rallentare progressivamente la velocità con cui si sfrega lo strumento. 4. Per lasciare lo strumento in vibrazione con un suono continuo e per non udire suoni spuri sarà necessario un movimento non eccessivo, controllato, in accordo con il livello sonoro dello strumento.

20. LA CANZONE NASCOSTA

Acquisizioni	Riconoscere la componente ritmica in una melodia conosciuta.
Età	8 anni.
Descrizione sintetica	Un bambino esegue con le mani il ritmo della parte melodica di una canzone nota, gli altri bambini devono individuare la canzone.
Materiali utilizzati	
Svolgimento del gioco	Un bambino a turno esce dal gruppo. Sceglie, senza rivelarla agli altri, una canzone tra quelle note a tutti i bambini del gruppo, ne canta mentalmente la melodia e inizia ad eseguirne il ritmo con le sole mani. Gli altri bambini, quando credono di aver riconosciuto la canzone così eseguita alzano la mano per dare la risposta, cioè pronunciare il titolo della canzone.
Sviluppi e varianti	Invece di pronunciare il titolo della canzone se ne canta l'incipit.
Soluzioni, accorgimenti, riflessioni	Per alcuni bambini può risultare piuttosto difficile indovinare la melodia a partire dal solo ritmo. Il gioco mantiene anche in questo caso una sua ragione d'essere: la sua utilità non sta infatti solo nello sviluppare le capacità di discriminare le componenti ritmica e melodica ma anche (soprattutto) nell'indurre un bambino a sviluppare la sua capacità di rappresentare mentalmente una melodia, pensare suoni.

21. LA MELODIA DI BAMBINI

Acquisizioni	Esecuzione strumentale in gruppo, riconoscimento di una melodia.
Età	8 anni.
Descrizione sintetica	Viene eseguita una melodia di cui ogni bambino suona una singola nota sulla propria barra intonata.
Materiali utilizzati	Barre intonate.
Svolgimento del gioco	Ogni bambino ha una barra intonata con un suono differente da tutti gli altri. L'insegnante suona una melodia utilizzando le note corrispondenti a quelle delle barre intonate distribuite ai bambini usando ciascuna nota una sola volta, non di più. Passa a suonare le stesse note della melodia, nello stesso ordine, una nota per volta, dopo ogni nota attende. I bambini provano la propria barra per capire se quello appena eseguito è il suono della barra che tengono in mano. Il possessore del suono corrispondente al singolo suono eseguito dall'insegnante alza la mano. Tutti tacciono. Il bambino suona la propria barra a conferma che il suono è lo stesso. Se è lo stesso il bambino va a posizionarsi in un punto predeterminato della sala. L'insegnante passa ad eseguire il secondo suono della melodia. Segue lo stesso procedimento tra i bambini rimasti. Il bambino che possiede la barra corrispondente al secondo suono va infine a posizionarsi a fianco al primo.

	Si procede quindi allo stesso modo col terzo suono della melodia e via-via con tutti gli altri. Ogni volta il bambino possessore della barra col suono appena eseguito si dispone in fila nell'ordine di esecuzione. Si forma infine una fila il cui ordine corrisponde alla melodia eseguita inizialmente. A questo punto, dopo che l'insegnante ha suonato di nuovo la melodia per intero, tutta di seguito, i bambini la ripetono suonando, l'uno dopo l'altro, nell'ordine della fila, ciascuno la propria barra.
Sviluppi e varianti	Il gioco così descritto è eseguibile per un gruppo di massimo otto bambini. Se si gioca in più di otto bambini, si giocherà a coppie: ogni bambino avrà comunque una propria barra intonata in dotazione. Ogni coppia di bambini si troverà a suonare due barre all'unisono e interagirà in modo univoco nel gioco come descritto sopra. Si può arrivare a dieci bambini senza giocare in coppie assegnando utilmente a due di loro due pause in luogo delle barre da suonare.
Soluzioni, accorgimenti, riflessioni	Questo gioco costituisce uno sviluppo al gioco *L'appello*, illustrato in un'altra scheda. Giocare in coppie con barre all'unisono all'interno di una coppia non è soltanto un modo per realizzare l'esercizio in un gruppo più numeroso di bambini. I bambini di una stessa coppia interagiscono, si confrontano, riflettono, con conseguenze positive sull'apprendimento.

Lettura delle note

22. VERSO LA LETTURA - SCHEDA BASE

Acquisizioni	Criteri basilari della scrittura musicale. Rapporto con i corrispondenti suoni cantati. Capacità di leggere e tradurre in suoni (canto) i simboli relativi alle altezze sonore in chiave di violino da si2 a do4.
Età	Dai 6 anni in poi.
Descrizione sintetica	Le schede 22 - 29 illustrano un percorso interno al manuale volto all'apprendimento della lettura da pentagramma. Ogni scheda viene utilizzata e ripresa in più incontri.
Materiali utilizzati	Pianoforte, voce, corpo, lavagna o foglio di carta con pentagramma. Di volta in volta uno o più brani precedentemente cantati.
Svolgimento del gioco	Si parte cantando un frammento preso da una canzone nota, preparata nel corso dell'anno o nei cicli precedenti. Nel primo incontro, utilizzando la *Canzone di Andrei*, composta da due sole note (*re, do*) l'insegnante passa subito a rappresentare le note sul pentagramma (vedi scheda successiva). In seguito l'insegnante introduce altri simboli su pentagramma attraverso il confronto con altri brani cantati e con frammenti di scala, visualizzando con le mani l'altezza dei suoni, proponendo piccoli giochi per approfondire e fissare le nozioni acquisite.
Sviluppi e varianti	Ognuna delle schede dedicate alla lettura in chiave di violino è concepita per fare in modo che il materiale in essa contenuto sia facilmente affrontabile nell'arco di un incontro, accanto ad altri giochi e vocalizzi, canzoni. Ad ogni modo l'argomento ha bisogno d'essere ripreso, approfondito e all'occorrenza variato negli incontri successivi.

Soluzioni, accorgimenti, riflessioni	Il percorso didattico che porta in modo dichiarato alla lettura delle note su pentagramma è iniziato in realtà nei livelli precedenti: attraverso alcuni giochi abbiamo appreso a rilevare il rapporto tra suoni (acuto/grave) e a visualizzarlo con le mani: *Su e giù, Scale magiche, Gatto birichino, Amici gatti, Note nell'aria, Storia dell'uccellino e dell'ippopotamo*. Abbiamo fatto conoscenza con i nomi delle note attraverso il testo di alcune canzoni: *Una canzone facile*; *Do, do, do*; *Un, due, tre*; *Il grillo John*; *Solfeggio polifonico*. La strada è stata preparata. E' determinante che nei giochi la rappresentazione simbolica su carta venga presentata *successivamente* all'attività del canto così che la lettura implichi un rapporto indissolubile tra suono e simbolo. L'esempio musicale per la trascrizione dato dall'insegnante dovrà riguardare soltanto ed esclusivamente l'aspetto melodico; in questa fase l'insegnante non deve mai proporre una versione armonizzata della melodia, soltanto linee melodiche. Nelle schede 22 - 29 ci si occupa della rappresentazione su pentagramma dell'altezza delle note. Tutto quanto attiene alla trascrizione ed esecuzione dal punto di vista ritmico viene invece considerato nelle schede 30 - 35.

Acquisizioni	Chiave musicale. Rapporto dei simboli utilizzati con i corrispondenti suoni cantati. Capacità di leggere e tradurre in suoni (canto) i simboli relativi alle altezze sonore in chiave di violino re3, do3.
Età	Dai 6 anni in poi.
Descrizione sintetica	Si canta la *Canzone di Andrei* con i nomi delle note, si visualizza la posizione dei simboli corrispondenti su pentagramma in modo creativo.
Materiali utilizzati	Pianoforte, voce, corpo, lavagna o foglio di carta con pentagramma. *Canzone di Andrei.*
Svolgimento del gioco	Il primo approccio diretto alla scrittura arriva attraverso la *Canzone di Andrei*. L'elemento ludico viene ancora una volta in nostro aiuto: dapprima si canta lo stesso brano "*come fanno i musicisti*", con i nomi delle note, visualizzando con le mani l'altezza delle due note. Non è un gran problema se in questa primissima fase vi sono alcune imprecisioni o dubbi. Dopo aver acquisito un poco di sicurezza si passa alla lavagna. Volendo, possiamo utilizzare un foglio con un pentagramma di dimensioni adeguate per annotare sulla carta le due note. Facciamo attenzione che non vi sia un impatto di tipo troppo razionale. "*Come riconosciamo le due note della canzone di Andrei? Semplice, il re si riconosce subito perché ha una corona, il do per via del cappello*".

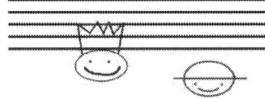

Però, manca ancora qualcosa: per entrare nel castello (un castello di suoni) il re ha bisogno di una chiave, una chiave musicale, naturalmente:

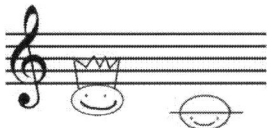

Ci si sofferma a cantare sulla successione "*do - re*" di Andrei, facendo attenzione a non scegliere in realtà note troppo basse da cantare (conviene cantare mezzo tono oppure un tono sopra).

Per qualche tempo il *do* avrà il cappello (e anche occhi e bocca), il *re* la corona, volendo anche la barba. Tutti i bambini, per nostra fortuna, hanno voglia di crescere, e tutti saranno contenti di passare a scrivere *do* e *re* come *i veri musicisti*.

Sviluppi e varianti	Negli incontri successivi si riprende la *Canzone di Andrei* coi nomi delle note, visualizzandola su pentagramma. Subito dopo questo primo passo il gioco diventa più interessante: si suona un brevissimo frammento della canzone e si chiede di indovinare in quale ordine appaiono le due note (N.B. stiamo focalizzando l'attenzione sul movimento verso l'acuto e movimento verso il basso). La variante si svolge così: si fa ascoltare ai bambini il *do*, dichiarandone il nome (qui consideriamo il *do* come nota di riferimento) e subito dopo si canta una delle due note (*do* oppure *re*) senza dirne il nome. La scelta si riduce in effetti, al riconoscere se sono stati eseguiti due suoni all'unisono o due suoni diversi. Passiamo a utilizzare vari frammenti dalla *Canzone di Andrei*. Ci accorgeremo che alcune note vengono ripetute e cogliamo l'occasione per reiterare l'indovinello: "*Stesso suono o suono diverso?*"

I frammenti proposti sono:

Acquisizioni	Rapporto dei simboli utilizzati con i corrispondenti suoni (cantati). Capacità di leggere e tradurre in suoni (canto) il simbolo relativo a *mi3*. Contestualizzazione nell'ambito sonoro sino ad ora esplorato.
Età	Dai 6 anni in poi.
Descrizione sintetica	Utilizzando l'incipit d'una nuova canzone si individua la posizione su pentagramma della nota *mi3* e attraverso giochi si stabilisce la corrispondenza tra posizione della nota sul pentagramma e suono corrispondente.
Materiali utilizzati	Pianoforte, voce, corpo, lavagna o foglio di carta con pentagramma, Canzoni: *Toc, toc, toc; Cu-cu; Canto di Natale*.
Svolgimento del gioco	Si ripete il gioco di *Andrei*, aggiungiamo una nuova nota utilizzando ogni volta l'incipit d'una canzone diversa, in questo caso *Toc, toc, toc*. Dopo aver cantato si visualizza la posizione delle note corrispondenti sul pentagramma, soffermandosi un poco sulla *new entry*: "Il *mi* non è stato attento ed è finito tagliato a metà dal rigo ☺". Si canta la successione "*do - re - mi*" e si ridiscende con "*mi - re - do*". Cantiamo ancora la canzone, prima con il testo originale, poi con i nomi delle note. Passiamo a piccoli giochi basati sulla nuova nota acquisita:

a. l'insegnante canta le tre note iniziali senza pronunciarne i nomi, ad ogni suono i bambini indicano la nota corrispondente e ne pronunciano il nome.

b. l'insegnante indica le prime tre note su pentagramma e i bambini cantano pronunciandone i rispettivi nomi.

Prima di ogni gioco si fa ascoltare la nota di riferimento, do.

Con un poco di attenzione ci accorgiamo che la melodia usa le prime tre note della scala (cantiamo le prime tre note della *scala magica*).

Noteremo ad un certo punto che la melodia è anche un poco *indecisa*: dopo il "*do - re - mi*" tenta di ridiscendere ma resta a metà ("*mi - re*"), poi riprova e torna finalmente *a casa* ("*mi - re - do*").

In entrambi i casi l'insegnante illustra cantando le caratteristiche della melodia e subito dopo le ripete insieme ai bambini.

Mentre tutti cantano l'insegnante indica, nota dopo nota, i corrispondenti simboli grafici su pentagramma.

Sempre partendo dallo stesso frammento si introduce un nuovo gioco.

L'insegnante canta inizialmente, in successione, i tre frammenti sottostanti estrapolati dalla canzone *Toc, toc, toc*.

Ogni frammento sarà identificato e contrassegnato da un numero d'ordine.

Successivamente (fase attiva del gioco) canta uno solo dei tre seguenti:

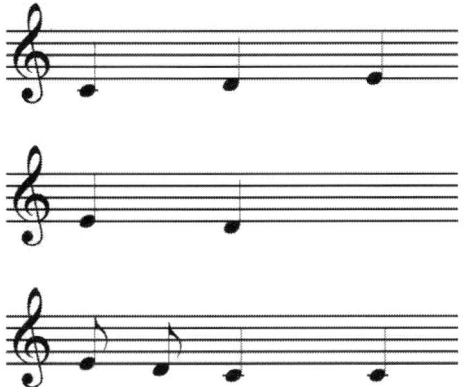

I bambini devono indicare quale frammento è stato cantato.

61

Sviluppi e varianti	Altri indovinelli: *"Chi riesce a riconoscere a quale canzone appartengono queste note?"*:  (*Cu-cu*) L'insegnante canta ancora il frammento dell'indovinello evidenziando la sua posizione all'interno della canzone. Successivamente canta la prima strofa della canzone insieme ai bambini e *scopre* che due versi hanno delle note simili, cambia soltanto l'ultima nota: *'Sento cantar'* e *'Chi mai sarà'*. Quindi propone: *"Chi sa dirmi quale dei due versi suonerò adesso?"* (viene eseguito o cantato uno fra i due frammenti seguenti) 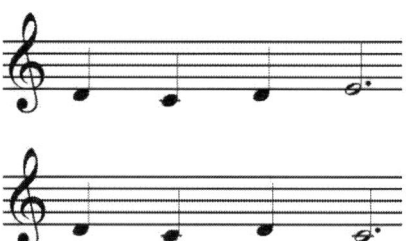 Si può ripetere l'indovinello alcune volte, quindi, analogamente si prosegue con 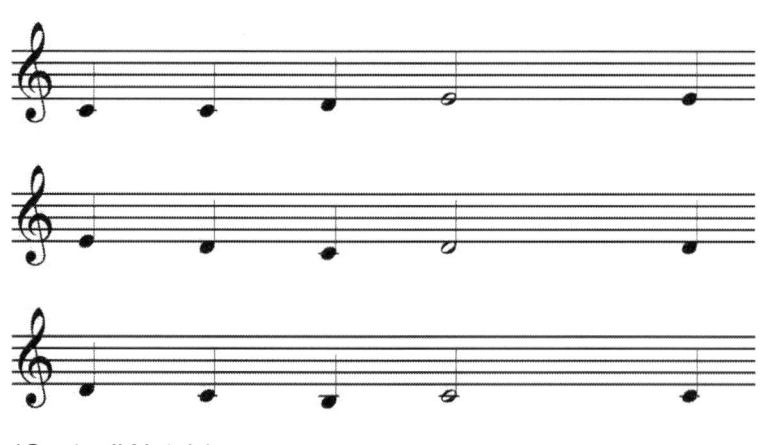 (*Canto di Natale*)

Acquisizioni	Capacità di leggere e tradurre in suoni (canto) i simboli relativi alle altezze sonore in chiave di violino fa3, sol3, do4. Intervallo di ottava.
Età	Dai 6 anni in poi.
Descrizione sintetica	Utilizzando l'incipit d'una nuova canzone si individua la posizione su pentagramma del *fa*3, *sol*3, *do*4 e attraverso alcuni giochi si stabilisce la corrispondenza tra posizione della nota sul pentagramma e suono corrispondente. Si individua il rapporto di ottava.
Materiali utilizzati	Pianoforte, voce, corpo, lavagna o foglio di carta con pentagramma. Canzone: *Al di là del bosco.*
Svolgimento del gioco	Cantiamo e suoniamo l'incipit di *Al di là del bosco* (I voce, le prime sei note) e, stabilita la nota di partenza (dichiariamo subito il nome della prima nota), cercheremo di individuare le note successive. La stringa melodica procede per gradi congiunti. Suoniamo un frammento di scala (*"Tutti ricordano le scale magiche? Proviamo a cantare insieme, c'è qualcosa in comune?"*). Chiediamo se il movimento melodico è ascendente o discendente. Ci aiutiamo con la scala: *do - re - mi* è un frammento noto, cantiamo ancora un frammento di scala a partire dal *do* e chiediamo di fermarci appena riconosciamo una nuova nota

	Arriviamo così al *sol* sul secondo rigo per grado congiunto. Dobbiamo ora cercare di identificare una nota piuttosto acuta. Più che soffermarci sull'intervallo di quarta, è opportuno qui passare ad individuare la *parentela do3/do4* e approfondire un poco il rapporto di ottava (ricordiamo, sempre supportati dal canto):
Sviluppi e varianti	La *scoperta* dell'intervallo di ottava porta una grande novità: non esiste un solo do. Questa occasione non deve assolutamente andare perduta. Iniziamo a constatare che i due do *sono parenti*, suoneremo alcune volte le due note, le canteremo facendo attenzione alla posizione che la nostra faccia deve assumere per cantare al meglio le due note, *sentendo* dove risuonano. E' il caso ora di andare oltre e scoprire che esistono tanti do, ma anche tanti *re*, tanti *fa* e così via. Tutte le note, finita la serie dei nomi si ripetono e sempre, quelle che hanno lo stesso nome sono parenti tra loro, basta ascoltare. Notiamo ora come le note che si trovano nella parte sinistra della tastiera di un pianoforte siano le stesse che usavamo qualche anno fa per *l'ippopotamo*, mentre gli acuti, a destra, erano riservati agli *uccellini*.
Soluzioni, accorgimenti, riflessioni	Alcune osservazioni utili: il *sol* è la nota della chiave e - poverino - anche lui, come il *mi*, viene tagliato a metà, questa volta dal 2° rigo, mentre il *fa* - furbo! - si mette in salvo tra il primo e il secondo rigo e rimane nello *spazio* proprio in mezzo, sfiora appena l'uno e l'altro rigo, senza farsi male. Il *do più piccolo*, quello che sta lì in alto si è messo in salvo addirittura sul terzo spazio.

Acquisizioni	Movimento per salto di terza. Uso della scala per l'individuazione di note procedenti per salto.
Età	Dai 6 anni in poi.
Descrizione sintetica	Lettura e canto di note ad intervallo di terza.
Materiali utilizzati	Pianoforte, voce, corpo, lavagna o foglio di carta con pentagramma. Canzone *Un, due, tre*; *Al di là del bosco*.
Svolgimento del gioco	La canzone *Un, due, tre* ci offre l'occasione di fissare alcune delle note precedentemente affrontate, coincidenti con l'accordo perfetto maggiore di primo grado. L'identificazione avviene attraverso il confronto col frammento appena utilizzato, l'incipit di *Al di là del bosco*. Presentiamo la parte scritta relativa all'incipit di *Un, due,* tre. La cantiamo. Presentiamo la parte scritta relativa all'incipit di *Al di là del bosco*. La cantiamo.

	Cantiamo in successione alcune volte le due stringhe melodiche. Prima avremo cura di sottolineare che l'incipit di *Al di là del bosco* altro non è che la scala di do. L'insegnante illustra le corrispondenze cantando e, parallelamente, attraverso il confronto su pentagramma.
Sviluppi e varianti	Cantiamo l'incipit di *Al di là del bosco* alternando il *piano* (sulle note *re* e *fa*) e il *forte* (sulle note *do, mi, sol*). Restringiamo il confronto tra le due canzoni al range *do - mi.*). Stesso procedimento sulle note successive (*mi - sol/ mi - fa - sol*).
Soluzioni, accorgimenti, riflessioni	Facciamo sempre in modo che i bambini arrivino a *scoprire* note e suoni, facciamo in modo che l'esercizio serva ad acquisire una maggiore coscienza. Non cediamo all'eventuale impulso di dare loro il risultato bell'e pronto: saranno maggiormente gratificati e soprattutto otterremo risultati più consistenti.

Acquisizioni	Moto ascendente e discendente. Posizione del si2 rispetto al pentagramma. Confronto tra due stringhe melodiche.
Età	Dai 6 anni in poi.
Descrizione sintetica	Gioco-indovinello basato sul confronto di stringhe melodiche ascendenti e discendenti utilizzando frammenti da *Un, due, tre* e *Al di là del bosco*.
Materiali utilizzati	Pianoforte, voce, corpo, lavagna o foglio di carta con pentagramma. Canzone *Un, due, tre*; *Al di là del bosco II voce*.
Svolgimento del gioco	Si canta la canzone *Un, due, tre*. Si visualizzano le prime tre note, oggetto del lavoro nel precedente incontro dedicato alla lettura su pentagramma Si cerca quindi di *scoprire* quale sarà la nota successiva. Ci si aiuta, come sempre, attraverso il canto: attraverso la voce si arriva a chiarire se la nota che stiamo cercando è più alta o più bassa del *sol*. Identificato questo suono nella nota *la* si canta ai bambini l'intera stringa discendente a partire appunto dal *la*. I bambini sono invitati a cantare con l'insegnante:

	Comprendere la direzione del moto melodico di questa stringa è una pura formalità: ce lo dice il nostro corpo. Cantando si capisce in modo inequivocabile che la melodia discende verso il basso. Chiariti i nomi delle note e cantata alcune volte la serie discendente si inserisce anche il confronto fra stringhe melodiche ascendenti e discendenti utilizzando la stringa precedente e il frammento conosciuto di *Al di là del bosco*  Si introduce questo confronto come un piccolo gioco: entrambe le stringhe melodiche sono visualizzate alla lavagna o su un grande foglio, visibili a tutti. L'insegnante canta o suona una delle due serie e i bambini devono indicare quale delle due stringhe è stata eseguita, quella ascendente o quella discendente.
Sviluppi e varianti	Ancora: l'indovinello riguarda questa volta due frammenti presi dalla stessa canzone, accomunati da uno stesso moto melodico ma a distanza di un grado. Prima di passare al gioco l'insegnante presenta i due frammenti melodici: gli allievi cantano e identificano la collocazione dei due frammenti all'interno della canzone. 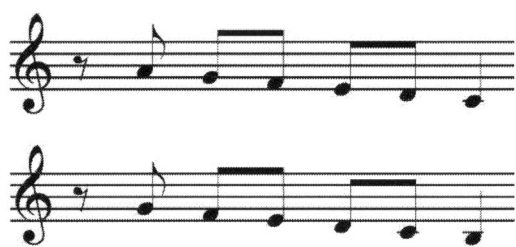 Il gioco: si tratta di capire all'ascolto quale dei due frammenti verrà di volta in volta eseguito.
Soluzioni, accorgimenti, riflessioni	Contrariamente a quanto si potrebbe supporre, il confronto tra successioni di note per stabilire la direzione del moto melodico è più facile rispetto al confronto tra due note singole. La difficoltà non è direttamente proporzionale al numero delle note, al contrario: una stringa melodica più lunga, proprio perché si colloca in modo più esteso nella tessitura musicale e si spinge verso gli estremi, ci fornisce maggiori informazioni sotto il punto di vista del numero di vibrazioni/secondo (altezza). Ci permette così un confronto sicuro tra nota di partenza e nota d'arrivo.

Con l'indovinello illustrato nelle *varianti* incontriamo incidentalmente una nota nuova, il *si2*: *"Questa nota, povera, ha un taglio in gola. Sì, è proprio così che dicono i musicisti!"*

"Sapete che abbiamo già incontrato questa nota? Ascoltate:

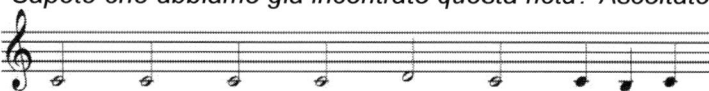

La riconoscete?"

Una volta riconosciuta la parte della II voce in *Al di là del bosco* si farà un poco di esercizio cantando anche questa coi nomi delle note. Si tratta anche d'una buona occasione per un piccolo ripasso.

Acquisizioni	Posizione del *si3* sul pentagramma. Lettura e canto della scala diatonica *do3 - do4*.
Età	Dai 6 anni in poi.
Descrizione sintetica	Rapporto di ottava tra *si2* e *si3*. Posizione sul pentagramma della nota *si3* e sua contestualizzazione nella scala di *do maggiore*.
Materiali utilizzati	Pianoforte, voce, corpo, lavagna o foglio di carta con pentagramma. Materiali musicali: *Ouverture* (il brano elisabettiano *English Dance*, nella sezione partiture nell'arrangiamento per due voci e pianoforte), scala di *do maggiore*, *Canto di principi e principesse* (*Greensleeves*).
Svolgimento del gioco	L'insegnante ricorda/chiede velocemente ai bambini le note conosciute fino ad ora visualizzandole alla lavagna o su foglio e cantandole una ad una, da *do3* a *la3* inserisce quindi nella serie il <u>suono</u> *si3* e chiede ai bambini di riconoscerlo o di provare a capire di quale suono/nota si tratta. Viene scritta la nota *si3* al proprio posto nella scala. *Ricordiamo* ora che avevamo già conosciuto un altro *si*, il *si2* e facciamo anche qui, come già accaduto con i due *do*, il confronto: col suono (cantiamo) e con la nota scritta

70

	(leggendo e pronunciando il nome della nota).  A seguire estendiamo il confronto: "*si2 - si3*" e "*do3 - do4*"  ripetiamo alcune volte in modo tale che tutti abbiano sperimentato con la voce e letto sul foglio le due ottave sciolte. Infine cantiamo la scala *do3 - do4 - do3* visualizzando le note su pentagramma 
Sviluppi e varianti	Per un approfondimento si può utilizzare il brano *Ouverture* (trascritto da brani elisabettiani) utilizzandolo come un ulteriore gioco-indovinello: "*In una canzone che avete cantato è nascosto un frammento di scala musicale, ascoltate e dite di quale canzone si tratta*". L'insegnante canta/suona l'incipit del brano in questione (II voce):  Anche la parte in maggiore discendente da *do4* a *sol3* di *Greensleeves* può essere presa come esempio per l'utilizzo della nota *si* (VII grado) in un frammento di scala  Sconsigliamo di approfondire in questa sede la scansione ritmico/metrica del frammento, decisamente troppo complessa a questo livello. Per fissare tutto quanto appreso fino a questo punto con le schede dedicate alla lettura in chiave di violino è particolarmente adatto il gioco della tombola delle note (scheda omonima).

29. TOMBOLA DELLE NOTE

Acquisizioni	Lettura delle note si2 - *do*4 sul pentagramma.
Età	6 - 8 anni.
Descrizione sintetica	Gioco della tombola applicato alla notazione su pentagramma.
Materiali utilizzati	Tessera con la chiave di violino, tessere con le singole note da estrarre (prestampate su pentagramma, da ritagliare, v. Quaderno 7).
	Schede con note (quattro per cartella, prestampate su pentagramma, da ritagliare e distribuire ai bambini, v. Quaderno 7).
Svolgimento del gioco	L'insegnante posiziona inizialmente la tessera con la chiave di violino, quindi inizia ad estrarre casualmente una tessera con una nota musicale e la posiziona, in modo tale che sia ben visibile a tutti, subito dopo la chiave di violino. Contemporaneamente suona il suono corrispondente al pianoforte.
	In questo gioco l'atto del *suonare* non è strumentale al gioco ma è comunque importante perché va sempre ricordato che ad un simbolo grafico corrisponde un suono reale, udibile.
	Si verifica, tutti insieme posizione e nome della nota.
	I bambini confrontano la nota estratta con le note contenute nella propria cartella (la scheda pentagrammata con quattro note stampate).
	Si passa quindi ad estrarre una seconda nota e si prosegue come sopra.

	Si continua così, nota dopo nota. Il bambino che prima degli altri vede estratte tutte le note della propria cartella fa tombola.
Soluzioni, accorgimenti, riflessioni	Far verificare ai bambini la posizione della nota sulla cartella con quella appena estratta, anche facendo leva su una cauta atmosfera di competizione. In caso di errore ci soffermiamo un poco per allontanare qualsiasi dubbio. Importantissima la verifica finale, tutti insieme, quando qualcuno avrà fatto tombola: tutti sono interessati a verificare! E' consigliabile giocare a squadre, con i bambini divisi in piccoli gruppi.

Acquisizioni	Leggere e tradurre in ritmi i simboli relativi ai valori ritmici ♪ ♩ ♩ ♩ 𝄽 ═ Esecuzione di brevi stringhe ritmiche a due parti reali. Concetto di partitura.
Età	Dai 6 anni.
Descrizione sintetica	Apprendimento di ritmi elementari utilizzando frammenti di canzoni e giochi già affrontati, giochi per la lettura e la fissazione di ritmi semplici (illustrati nelle schede successive). Creazione/lettura ed esecuzione di facili stringhe ritmiche.
Materiali utilizzati	Foglio/lavagna, piccoli strumenti propedeutici a percussione.
Svolgimento del gioco	Questa scheda illustra un percorso interno al manuale volto all'apprendimento della lettura ritmica. Si parte da giochi e canzoni del *vecchio* repertorio. Cantiamo. Visualizziamo quanto abbiamo appena eseguito (l'insegnante scrive la corrispondente stringa ritmica in campo aperto, alla lavagna o su un foglio di carta ben visibile). Suoniamo (col battere delle mani, con piccoli strumenti propedeutici, raddoppiando con la nostra voce). Si rammenti che i primi approcci con i simboli grafici delle durate musicali sono già avvenuti, proprio coi giochi qui ripresi (primo fra tutti *Funghi e uccellini*).

	Procedendo, si lavora nei due sensi: a. Da frammenti già conosciuti si procede verso la rappresentazione grafica coi simboli della notazione usuale. b. Dalla lettura di ritmi elementari si ricrea con la voce, col battito delle mani, con strumenti, la corrispondente idea sonora. Per le descrizioni dettagliate vedi le schede seguenti.
Sviluppi e varianti	Anche per quanto riguarda l'aspetto ritmico il materiale contenuto in una singola scheda è affrontabile nell'arco di un incontro, accanto ad altri giochi e vocalizzi, canzoni. Anche qui, l'argomento sarà ripreso, approfondito e all'occorrenza variato in incontri successivi. La pratica della lettura estemporanea di gruppo è altamente raccomandabile, è divertente e costituisce una sorta di *palestra*. Mentre in alcuni giochi è prevista da subito la presenza di differenti valori ♪ ♩ ♪ 𝄾 ≡ (ad es. *Tartaruga, cavallo, formica* usa i simboli ♪ ♩ ♩) In alcuni giochi è decisamente preferibile iniziare con pochissimi simboli, è il caso della scheda *Polifonia ritmica*, in cui si inizia coi ♪ ♩ , introducendo altri valori poco alla volta, gradatamente. Giochi come *La musica coi buchi* dove appaiono inizialmente soltanto ♪ sono pensati apposta per introdurre poco a poco differenti simboli di note e pause. A volte è utile, proponendo un nuovo gioco, iniziare nuovamente con pochi simboli ritmici e introdurre i successivi in un secondo momento. Questo anche quando i bambini conoscono tutti i simboli utilizzati. Iniziare un nuovo gioco in maniera soft è una forma di ripasso e permette ai meno sicuri di colmare qualche lacuna.
Soluzioni, accorgimenti, riflessioni	La primissima volta siamo arrivati alla visualizzazione ritmica con le note partendo dai *Funghi e uccellini*. I bambini sono molto gratificati di passare alla notazione usata dai *veri musicisti*.

Dopo l'approccio con la simbologia grafica il gioco di tradurre in suoni quanto appare sulla carta diventa molto ambito ed eccitante.

Passando alla lettura delle stringhe ritmiche con i simboli musicali (esecuzione strumentale) è opportuno far notare l'assenza del pentagramma e della chiave di violino. Chiariremo subito perché non usiamo né pentagramma né chiave sottolineando che non si tratta di una melodia e che non possiamo cantare (*intonare*) quei suoni.

Anche qui, come per la lettura delle note in chiave di sol, è essenziale la pratica esecutiva. Potrà essere il semplice battito delle mani oppure si potranno utilizzare strumenti propedeutici (percussioni). All'occorrenza l'esecuzione strumentale potrà essere supportata dalla voce. Si verificherà allora, immancabilmente, la grande efficacia dell'uso della propria voce a scopi didattici anche sotto l'aspetto ritmico.
E' questo un modo per restare concentrati, per assimilare in modo più profondo, per così dire *dall'interno*, quanto andiamo apprendendo. Ogni volta che avremo un problema ritmico da risolvere, sarà estremamente utile intervenire con la voce, raddoppiando con la voce l'esecuzione strumentale.

31. TARTARUGA, CAVALLO, FORMICA

Acquisizioni	Fissazione, approfondimento del rapporto di durata tra i simboli
Età	Dai 6 anni.
Descrizione sintetica	Si canta la canzone *Tartaruga, cavallo, formica* in cui ogni strofa è caratterizzata da una figura ritmica. Subito dopo aver appreso la canzone viene proposto un piccolo indovinello per riconoscere le figure utilizzate.
Materiali utilizzati	Mani, voce, pianoforte.
Svolgimento del gioco	Si canta la canzone *Tartaruga, cavallo, formica* in cui ogni strofa è caratterizzata da una diversa figura ritmica. L'insegnante sottolinea le diverse *velocità* dei tre animali presenti nel testo e propone la visualizzazione grafica dei simboli corrispondenti. Si canta ancora una volta, l'insegnante indica durante l'esecuzione, per ogni animale, la rispettiva figura alla lavagna o su un foglio visibile a tutti. Subito dopo viene proposto un piccolo indovinello ritmico per riconoscere di volta in volta, nell'esecuzione al pianoforte, l'*animale* rappresentato e la corrispondente figura ritmica.
Sviluppi e varianti	1. Lo stesso gioco con diverso metronomo. Attraverso la pratica si deve far passare l'idea che stiamo parlando di rapporti e non di durate/velocità assolute.

	2. La visualizzazione delle altezze, già affrontata in altri giochi, non costituirà un problema. Viene qui riproposta perché se è bene ai fini dell'apprendimento focalizzare di volta in volta l'attenzione su un singolo aspetto, è d'altro canto importante conservare la coscienza che l'evento musicale, come sempre in ambito percettivo, è una esperienza molteplice, articolata, complessa. Le mani indicano l'altezza dei suoni (la melodia è formata in tutto da tre suoni). Ad ogni ripercussione si visualizza la nuova nota con un leggero movimento orizzontale della mano, ad indicarne l'altezza.

32. LA MUSICA COI BUCHI

Acquisizioni	Lettura ritmica estemporanea. Approccio a strutture ritmiche più complesse (controtempi, strutture asimmetriche, sincope) per sottrazione. Interiorizzazione della scansione temporale.
Età	Dai 6 anni.
Descrizione sintetica	*Costruire* un ritmo per sottrazione.
Materiali utilizzati	Lavagna/post-it, piccoli strumenti propedeutici a percussione.
Svolgimento del gioco	L'insegnante scrive alla lavagna una serie di otto crome ♪ ♪ ♪ ♪ ♪ ♪ ♪ ♪ Gli alunni le suonano a velocità media, non troppo lentamente. L'insegnante dà l'attacco iniziale e continua a indicare ogni nota eseguita. Al termine dell'esecuzione, l'insegnante chiede agli allievi di indicare una nota da cancellare (si crea un vuoto nella serie di suoni). La nota viene cancellata. *"Ma non si può lasciare un buco così, i musicisti sono dei veri pignoli, sapete? Indicano persino i silenzi!"* Si inserisce una pausa e si suona di nuovo. Alla fine dell'esecuzione si trova un'altra nota da cancellare e così via sino a lasciare una sola nota.
Sviluppi e varianti	Facciamo in modo di creare successioni asimmetriche, ritmi *interessanti*. I bambini li apprezzano, si divertono molto di più

	e non hanno la minima difficoltà con questo genere di ritmi perché tutto viene appreso attraverso la pratica diretta. In principio facciamo attenzione a cancellare per ultima una delle note finali della serie, la settima o l'ottava. Si sviluppa in questo modo l'immagine interiore del tempo, quella parte dell'orecchio interno rivolta al metro. Più avanti sarà ugualmente utile il contrario: si cancellerà per ultima la prima o la seconda nota della serie continuando però ad *eseguire* tutte le pause, con attenzione. Sostituiamo i simboli di due pause di croma con quello di pausa di semiminima allo scopo di fornire nuovi elementi didattici senza lunghe e noiose spiegazioni (il bambino inoltre ha voglia di suonare, perciò in questi momenti è maggiormente disposto ad acquisire brevi concetti teorici funzionali all'esecuzione musicale). N.B. queste varianti non devono essere attuate troppo presto: valutiamo il grado di sicurezza acquisito dai bambini prima di passare a situazioni più articolate e complesse.
Soluzioni, accorgimenti, riflessioni	Questo gioco si può fare alla lavagna oppure con dei post-it. L'insegnante continua ad indicare il posto occupato da ogni nota anche quando la stessa è stata sostituita graficamente dalla pausa corrispondente. In questo modo l'allievo pensa alla successione ritmica come un susseguirsi di vuoti e pieni. E' importante ricordare qui per l'insegnante il messaggio veicolato dalle varianti proposte: il discorso musicale è composto da articolazioni di *suoni e pause*, vuoti e pieni, una sorta di scultura sonora (a tutti gli effetti, da un punto di vista fisico, si può definire il suono una conformazione dell'aria in continuo divenire, una scultura fatta di vibrazioni). Si può arrivare infine a *suonare* soltanto pause (gli stessi alunni spesso lo chiedono). Oltre al salutare aspetto ludico e alle battute connesse ("*Attenti perché è molto difficile!*", oppure, dopo l'esecuzione, "*Bravi, questa volta avete suonato proprio bene*") non bisogna sottovalutarne l'efficacia dal punto di vista didattico: i bambini, concentrando l'attenzione sui silenzi, sperimentano l'ordine della scansione ritmica come qualcosa di autonomo, distaccato dalle note del brano. Attraverso questa esperienza sarà meglio interiorizzato il concetto di *respiro a tempo* prima dell'inizio di un brano. E' utile supportare con la voce l'esecuzione ritmica nel momento in cui si affrontano situazioni nuove o comunque di particolare impegno.

33. CERCATORI DI TRACCE

Acquisizioni	Concordanza di ritmi letti estemporaneamente con ritmi conosciuti.
Età	6 anni in poi.
Descrizione sintetica	I bambini eseguono a prima vista una breve stringa ritmica e devono capire da quale brano vocale già studiato è tratta.
Materiali utilizzati	Foglio/lavagna, piccoli strumenti propedeutici a percussione.
Svolgimento del gioco	L'insegnante scrive su un foglio o alla lavagna un ritmo semplice, tratto da un brano vocale precedentemente studiato. Gli alunni leggono ed eseguono in modo estemporaneo. Subito dopo averlo suonato si deve indovinare da quale canzone è tratto. Dopo aver indovinato si canta il frammento da cui era tratto il ritmo. A seguire, alcuni esempi tratti da incipit di canzoni contenute nel manuale ♩ ♩ ♪ ♪ ♩ ♪ ♪ ♪ ♪ ♪ ♪ ♩ (*Canzone di Andrei*) 𝅗𝅥 𝅗𝅥 𝅗𝅥 𝅗𝅥 𝅗𝅥 𝅗𝅥 ♩ ♩ 𝅗𝅥 (*Al di là del bosco*, II voce) ♪ ♪ ♪ ♪ ♩ ♩ ♪ ♪ ♪ ♪ ♩ ♩

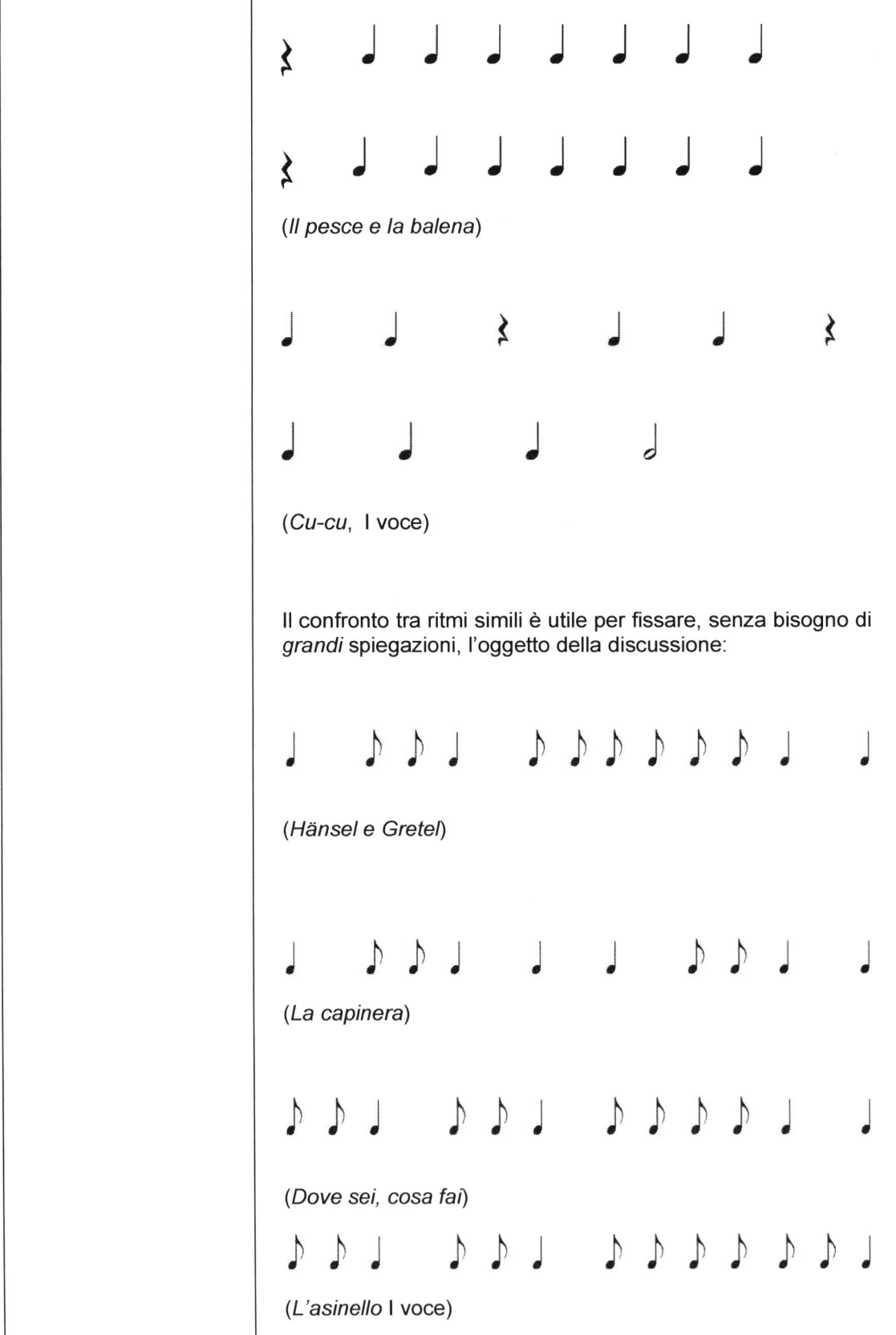

(*Il pesce e la balena*)

(*Cu-cu*, I voce)

Il confronto tra ritmi simili è utile per fissare, senza bisogno di *grandi* spiegazioni, l'oggetto della discussione:

(*Hänsel e Gretel*)

(*La capinera*)

(*Dove sei, cosa fai*)

(*L'asinello* I voce)

Sviluppi e varianti	Il gioco a squadre porta con sé un poco di competizione, utile nella giusta misura.
Soluzioni, accorgimenti, riflessioni	Non poniamo questioni sulla presunta difficoltà della lettura estemporanea e tutti la troveranno naturale e spontanea. Possiamo utilizzare incipit di brani a due voci senza problemi, i bambini conoscono entrambe le parti perché sono abituati ad ascoltarsi. Ricordiamo l'importanza di una corretta e discreta accentazione durante l'esecuzione, atta ad evidenziare il metro.

Acquisizioni	Suddivisione in battute. Rapporti tra valori ritmici.
Età	6 anni in poi.
Descrizione sintetica	I bambini racchiudono in un perimetro o – meglio - in una valigia! ☺ note con un valore complessivo di minima.
Materiali utilizzati	Foglio/lavagna, piccoli strumenti propedeutici a percussione.
Svolgimento del gioco	L'insegnante propone una breve stringa ritmica alla lavagna o su un grande foglio. I bambini, in gruppo o singolarmente, sono chiamati a disegnare dei perimetri attorno alle note in modo tale che all'interno di ciascuno di essi vi sia sempre lo stesso valore complessivo. Inizialmente si gioca con note di un unico valore Ovviamente, in questo caso, anche il numero di note presente all'interno di ogni perimetro (*valigia)* sarà identico.
Sviluppi e varianti	Dopo che i bambini hanno acquisito una sufficiente sicurezza si passa alla versione più difficile: in ogni scatola possono essere racchiuse note dello stesso valore in ugual numero

oppure valori equivalenti.
Quindi non soltanto due semiminime ma anche combinazioni equivalenti quali:

Prima e dopo l'operazione si suona l'intera stringa ritmica.

Altra variante: utilizzare valige di *differente capienza* ☺ :
3/4, 4/4.

Quando i bambini avranno preso dimestichezza con le singole valige potremo giocare con una stringa ritmica piuttosto lunga da inserire coerentemente in più valige in fila.

Soluzioni, accorgimenti, riflessioni	Non scriviamo gli esempi su fogli pentagrammati. Deve essere sempre chiaro che stiamo trattando una questione relativa al mero aspetto ritmico/metrico. In futuro, ma senza alcuna fretta, la valigia potrà trasformarsi:  Questo è il momento buono per alcune informazioni supplementari *en passant*, come ad esempio la possibilità per le crome di essere unite a due a due o di avere una *coda* singola. Facciamo notare che le valige hanno tutte lo stesso valore complessivo. Non trascuriamo mai l'aspetto ludico: mettiamo sopra ogni valigia il nome della casa (inventato o vero, oppure il nome del/la bambino/a di turno).

Acquisizioni	Polifonia e partitura. Approfondimento e fissazione dei rapporti di durata.
Età	Dai 6 anni.
Descrizione sintetica	I bambini leggono ed eseguono con strumenti a percussione un breve solfeggio ritmico interpretandolo dapprima come brano monodico poi come partitura polifonica.
Materiali utilizzati	Foglio/lavagna, piccoli strumenti propedeutici a percussione, alcune partiture da mostrare dopo il gioco.
Svolgimento del gioco	I solfeggi ritmici si eseguono dapprima col gruppo unito. Tutti i bambini insieme, ogni solfeggio come unico pezzo ad una voce, dall'inizio alla fine, andando a capo alla fine del primo rigo. Subito dopo si suona ancora, leggendo lo stesso foglio, questa volta interpretando però il pezzo come una partitura a due voci, con la classe divisa in due sezioni che suonano contemporaneamente: la prima sezione il rigo superiore, la seconda il rigo inferiore. L'esecuzione polifonica rispetterà la corrispondenza *in verticale*, la scansione temporale comune (il metronomo, insomma). Le due parti risultano scritte in colonna l'una sotto l'altra a formare un'autentica partitura. Usiamo inizialmente soltanto pochissimi valori, anche se ne conosciamo di più. Ad esempio: ♪ ♪ ♩ ♪ ♪ ♩ ♩

e

𝅘𝅥   ♪♪𝅘𝅥   𝄽   𝅘𝅥

In seguito aggiungeremo anche

𝄾

e più avanti ancora

𝅗𝅥

e

▬

Questo serve ad introdurre il concetto di partitura, di contemporaneità delle parti, ma anche a rafforzare alcuni concetti base della lettura ritmica come il rapporto, la corrispondenza tra simboli grafici; nel momento in cui, ad esempio, un ritmo di due crome viene sovrapposto ad una semiminima la corrispondenza delle durate è evidente.

Sviluppi e varianti	Due pause di croma poste in fila vengono sostituite ad un certo punto dalla pausa di semiminima in una delle due parti. Nell'altra voce le note, restando invariate, testimoniano della corrispondenza tra i simboli utilizzati. *La Musica appesa* segue nel tempo i solfeggi ritmici illustrati in questa scheda. Le stesse cartelle utilizzate per leggere ed eseguire i solfeggi ritmici della presente scheda saranno poi utilizzate nella *Musica appesa*. I bambini conosceranno già i frammenti ritmici e l'esecuzione d'insieme riuscirà più agile e sicura, nonostante la maggiore complessità.
Soluzioni, accorgimenti, riflessioni	Sarà molto utile scambiare le parti delle due sezioni, nell'ambito di uno stesso frammento ritmico. I bambini delle due sezioni hanno letto inizialmente tutto il frammento, quelle che diverranno le *due voci*, quindi eseguire il brano nella versione polifonica scambiandosi le parti non darà alcun problema e sarà utile ad accrescere il *senso polifonico* nei bambini.

L'introduzione del concetto di partitura sarà conseguente al gioco. La *spiegazione* sarà contestualizzata alla presentazione della stringa ritmica nella duplice veste, monodica e polifonica.

Per iniziare tutti insieme il direttore, ormai lo sappiamo, dà un attacco a tutti ogni volta che occorre. Perciò deve conoscere le note di tutti, è per questo che la parte scritta del direttore contiene tutte le note (ma proprio tutte!) che vengono cantate o suonate.

Si mostra una partitura ritmica, la partitura di un brano vocale a cappella (ad es. *C'è*) e di uno con accompagnamento pianistico già studiato ma anche una partitura più complessa, per orchestra ad esempio: le domande, a questo punto, solitamente arrivano a valanga e la voglia di sapere cresce insieme all'entusiasmo (le *cose da grandi* attirano sempre).

Attenzione: in principio, se dobbiamo *andare a capo* per banali esigenze grafiche alla lavagna o su foglio, facciamo in modo che la prima figurazione del rigo successivo non ponga problemi, possiamo usare note *comode* come una semiminima o meglio ancora una pausa di semiminima (non di croma!).

Ad ogni modo l'*andare a capo* è un'ottima occasione per ricordare che un musicista deve sempre anticipare *con l'occhio* ciò che sta per suonare!

1

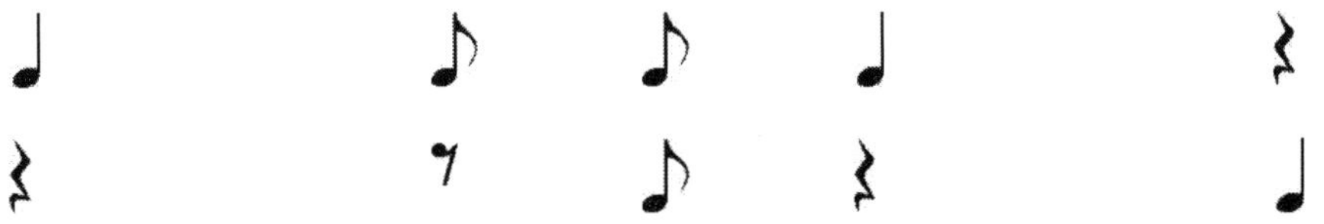

2

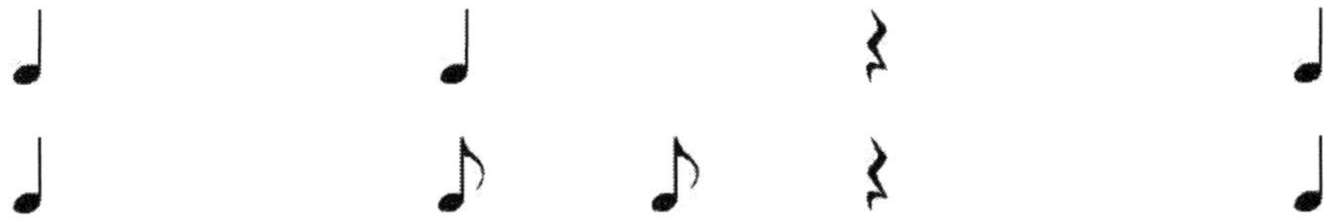

3

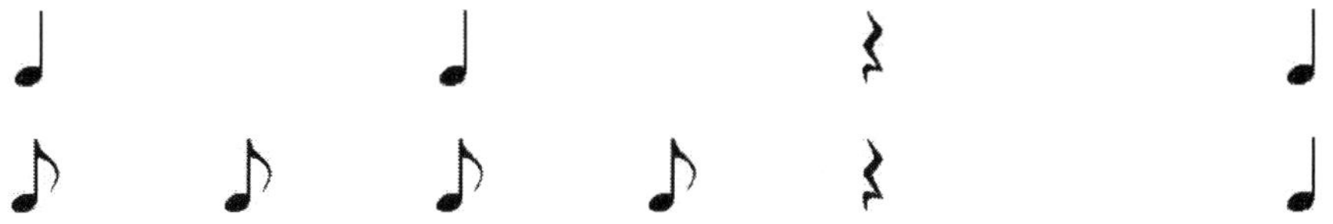

4

5

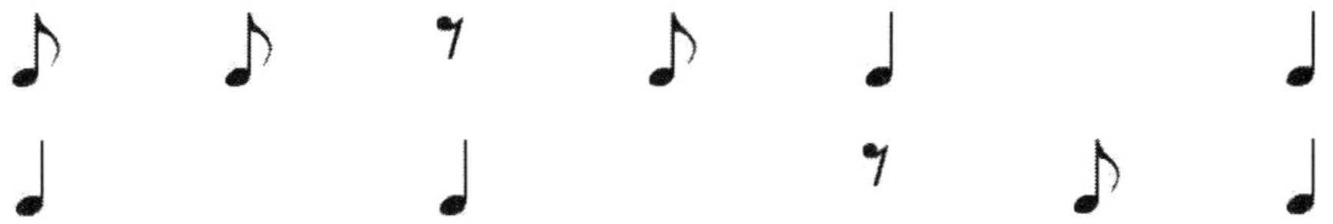

6

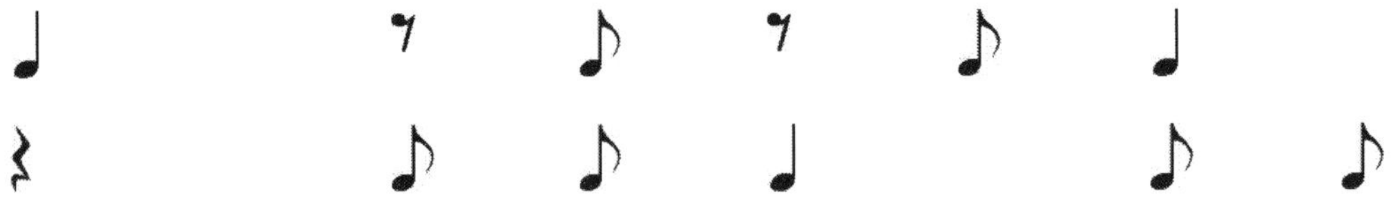

7

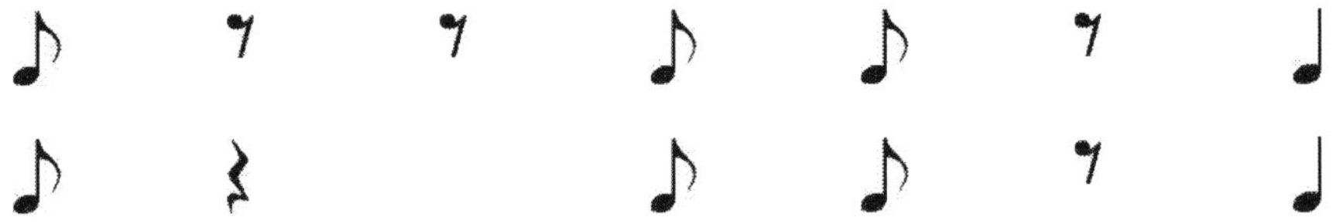

8

9

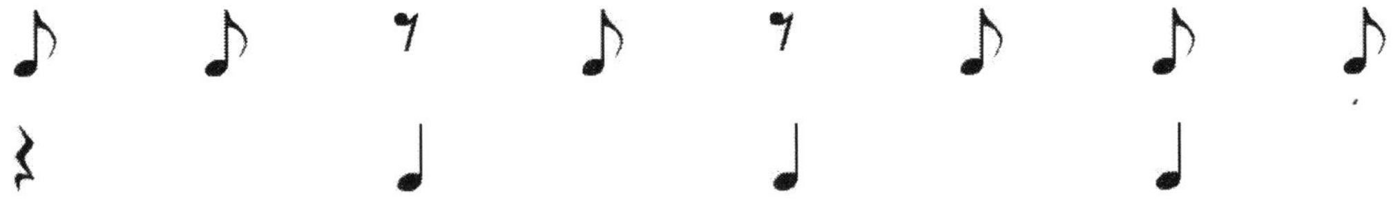

10

36. BARBARI E LEGIONARI

Acquisizioni	Capacità di concentrazione. Esecuzione strumentale polifonica. Lettura.
Età	Dai 6 anni.
Descrizione sintetica	Classe divisa in due gruppi: il gruppo dei *legionari* e il gruppo dei *barbari*.
Materiali utilizzati	Strumenti propedeutici (percussioni).
Svolgimento del gioco	Il gruppo dei *legionari* esegue una stringa ritmica e la ripete ciclicamente ad una sonorità media. Poco a poco *arrivano i barbari*: ad un cenno danno vita ad una sonorità caotica, senza ritmo né metro, procedendo dal pianissimo al forte. I *legionari* continuano a *marciare* (continuano cioè a suonare cercando di tenere il proprio ritmo). I *barbari passano a cavallo* e si allontanano (arrivati alla massima sonorità iniziano un diminuendo sino al pianissimo). Quando i *barbari* hanno finito la propria parte i *legionari* continuano a suonare ancora un poco per fermarsi infine, tutti insieme.
Sviluppi e varianti	Una versione più avanzata e complessa è quella con i *barbari* che, anziché disturbare i *legionari* con un effetto caotico, cercano di suonare poche note, in modo asimmetrico e non ordinato a ridosso delle note del ritmo dei *Legionari*, cercando di interferire così sull'idea di metro di quelli. Sarà utilissimo per il gruppo dei *legionari*, dopo aver effettuato il percorso relativo alla lettura ritmica, seguire la propria stringa visivamente (foglio o lavagna) in modo da potersi concentrare maggiormente e poter così eseguire serie ritmiche più lunghe e complesse.

Educazione della voce

Acquisizioni	Distensione, rilassamento.
Età	Dai 6 anni.
Descrizione sintetica	Si inventa un personaggio e la azione corrispondente per fare esercizi di rilassamento.
Materiali utilizzati	Il proprio corpo.
Svolgimento del gioco	Vengono evocati personaggi, animali, oggetti caratterizzati da movimenti particolari; attraverso la loro rappresentazione mettiamo in atto altrettanti esercizi per il rilassamento: **Gatto al risveglio** In piedi. Schiena diritta. Massima estensione delle braccia verso l'alto. **Indiano che scruta l'orizzonte** In piedi. Schiena diritta. Rotazione della testa a 180° sporgendo il viso leggermente in fuori. Il palmo della mano verso il basso a mo' di visiera serve soltanto a completare la figura ☺. **Mulino a vento** In piedi. Schiena diritta. Braccia lungo i fianchi. Si estendono le braccia lateralmente e si fanno roteare senza fretta. **Scimmia** In piedi. Schiena piegata mollemente in avanti (non

	troppo). Braccia abbandonate, cadono verso il basso. Ci si dondola appena, per essere sicuri che tutto il corpo sia rilassato. Si lasciano penzolare le braccia accennando a un leggero moto oscillatorio col busto. **La scimmia e la mosca** In piedi. Schiena diritta. Roteare la testa descrivendo con il viso un cerchio davanti a noi su un piano verticale. **In discoteca** In piedi. Schiena diritta. Braccia ripiegate, gomiti protesi in avanti, toccando le spalle con la punta delle dita. Roteare le braccia senza staccare le mani dalle spalle. **Marionetta** In piedi. Schiena diritta. Braccia abbandonate lungo i fianchi. Si abbassa una spalla; conseguenza del movimento è l'abbassamento del braccio corrispondente e l'innalzamento del braccio opposto (i movimenti devono essere passivi e lenti). Stesso movimento sul lato opposto. Posizione di partenza. Rotazione della testa arrivando quasi a toccare il petto col mento e, nella posizione opposta, indirizzando un poco la nuca all'indietro. **La mia testa è un palloncino** Seduti. Il corpo un poco rilasciato, spalle basse, schiena abbandonata (posizione *del carrettiere* nel training autogeno). Massimo rilassamento possibile. Poco a poco, come se una forza invisibile ci sollevasse tirandoci dall'alto, solleviamo la testa (sempre seduti) con la schiena eretta, lo sguardo in avanti, senza alzare mai il viso verso l'alto.
Sviluppi e varianti	1. Sottolineare musicalmente (al pianoforte) i personaggi. 2. Un gioco nel gioco: i bambini trovano nuove interpretazioni, nuovi personaggi da identificare con gli esercizi di rilassamento.
Soluzioni, accorgimenti, riflessioni	Abituiamo bambini a riconoscere le varie situazioni attraverso la mimica. Questo ci aiuterà quando, durante un vocalizzo o durante la preparazione di un brano, vorremo controllare la rilassatezza della muscolatura: potremo allora richiamare un determinato esercizio senza fermarci e senza parlare.

Acquisizioni	Controllo della respirazione diaframmatica, distensione.
Età	Dai 6 anni.
Descrizione sintetica	Si inventa un personaggio e la azione corrispondente per fare esercizi legati alla corretta emissione/ respirazione.
Materiali utilizzati	Il proprio corpo.
Svolgimento del gioco	Vengono evocati personaggi, animali, oggetti. Attraverso la loro rappresentazione mettiamo in atto esercizi per la corretta emissione e per il rilassamento: 1. **Elettrodomestico indeciso.** 2. **Cavallo che sbuffa.** 3. **Motocicletta.** 4. **Locomotiva a vapore (canone ritmico).** 5. **Aerei.** Ogni situazione viene contestualizzata da brevi osservazioni.
Sviluppi e varianti	**Elettrodomestico indeciso** Un elettrodomestico con problemi di identità ☺, si crede in un primo momento un aspirapolvere ma, appena ha raccolto ben bene tutta l'aria attorno, non riesce a frenare il proprio istinto di asciugacapelli. Inizia perciò ad aspirare tutto, ben piantata sulle gambe ed ingrossando il suo *sacchetto* (la pancia). Ad un tratto *si ricorda: "Ma... Cosa sto facendo? Io sono un asciugacapelli!".* Comincia a soffiare aria in modo attento e continuo, pronto ad asciugare fino in fondo tutto ciò che capita a tiro (i capelli del vicino).

Cavallo che sbuffa

Lo sbuffo del cavallo è una potente espirazione d'aria attraverso il naso. Il suono (nel cavallo) è prodotto dall'aria che fluisce in modo rapido, quasi forzato, attraverso le mucose nasali. I muscoli *trasverso* delle narici ed *elevatore nasolabiale* si rilassano durante l'espirazione producendo il tipico rumore di vibrazione espiratoria.

Noi riproduciamo questo verso lasciando fuoriuscire velocemente molta aria attraverso le labbra accostate, con la bocca completamente rilassata.

Inspiriamo profondamente, quindi spingiamo fuori l'aria lasciandola affluire nella cavità orale senza gonfiare le guance. La lingua non interviene. L'aria fuoriesce soltanto dalla bocca. Le labbra sono passive. Inizialmente vengono scostate sotto la spinta dell'aria in uscita e subito dopo, per inerzia, tornano ad incontrarsi. Il flusso d'aria continuo però le discosta ancora dando così inizio ad una serie di impulsi rapidi.

Avvicinando lievemente la mano alle labbra si avverte chiaramente la vibrazione di queste ultime e prima ancora frontalmente un continuo flusso d'aria. Il movimento vibratorio delle labbra è chiaramente visibile.

Motocicletta

Viene *fatta* pronunciando un *Brrrrrrrrrrrrr* e lasciando vibrare sonoramente la lingua.

Possiamo tenere *il motore al minimo* per un poco oppure dare un bel *colpo d'acceleratore* (anche due) quindi [riprendiamo fiato] partire con una bella *accelerata* lunga (ed una altrettanto lunga emissione).

Locomotiva

Dapprima tutti eseguono nell'ordine indicato e senza soluzione di continuità una stringa ritmica (le consonanti pronunciate richiameranno i rumori di una locomotiva):

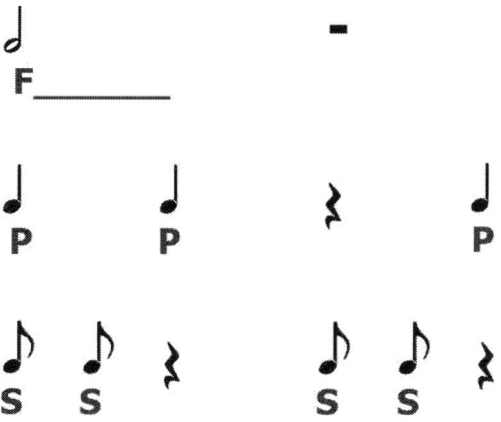

97

Poi, con entrate successive, in canone, diamo luogo ad un'esecuzione a tre parti:

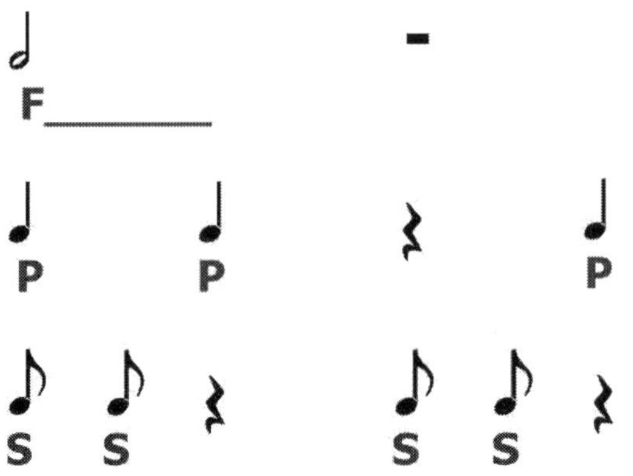

Si esegue al principio con comodo, non troppo rapidamente. Poi, progressivamente, un poco più in velocità.

Aerei

Assenza di ritmo. Unica emissione lunga, a bocca chiusa, come a pronunciare la lettera *m*.
Quando qualcuno sente che la riserva di *carburante* sta per esaurirsi fa il pieno in volo: smette di cantare, riprende fiato comodamente e si inserisce nuovamente nel gruppo senza che si noti. Il risultato è un suono continuo, quasi *Om*.

Valutiamo la possibilità che qualche bambino introduca un nuovo *personaggio* oppure ambientiamo delle ministorie utilizzando gli argomenti già esistenti. Accanto al treno potrebbero comparire senza problemi alcuni indiani a cavallo con la mano a modulare il suono emesso dalla bocca (purché ... con respirazione diaframmatica!).

Soluzioni, accorgimenti, riflessioni	Ogni volta incameriamo aria senza sollevare le spalle ed estendendo l'addome.

98

39. L'ESERCITO DELLE PANCE

Acquisizioni	I bambini recuperano l'attitudine alla *respirazione profonda* attraverso il controllo del diaframma, attività basilare per lo sviluppo di una corretta vocalità.
Età	6 - 8 anni.
Descrizione sintetica	Respirazione diaframmatica.
Materiali utilizzati	Il proprio corpo.
Svolgimento del gioco	I bambini sono allineati lungo una parete in posizione rilassata, le gambe leggermente divaricate per un migliore equilibrio, corpo eretto con le spalle *morbide*, in giù. L'insegnante passa davanti ai singoli bambini chiedendo di premere con il palmo della mano sulla propria pancia. Con grande sorpresa la pancia oppone resistenza e respinge la mano. "*Vediamo se anche la tua pancia è forte come la mia*", chiede l'insegnante. È importante che ogni bambino sperimenti personalmente l'azione fisica in 2 modi diversi: sentendo respingere indietro la propria mano dalla pancia dell'insegnante e cercando di fare altrettanto con il proprio addome. Non tutti i bambini vi riusciranno la prima volta ma con l'aiuto dell'insegnante il risultato sarà presto raggiunto. Va sempre ricordato di usare i soli muscoli dell'addome senza alzare e abbassare le spalle o muovere in avanti il bacino. Al movimento dell'addome in avanti corrisponde l'inspirazione con il naso, al movimento opposto l'espirazione con la bocca.

Sviluppi e varianti	Durante l'esercizio ricordare ai bambini qualche movimento per il rilassamento. Se necessario inframmezzare a questa scheda alcuni giochi espressamente pensati per i rilassamento (scheda - *Facciamo che ero... - 1)*. Dopo 8-10 movimenti passare a espirare cantando una nota lunga (si consiglia di usare la vocale O). A questo punto va detto che la pancia si deve sgonfiare completamente. Ognuno tiene la mano sulla propria pancia! Si può inserire in questo punto il gioco dello *Stormo di aerei*.
Soluzioni, accorgimenti, riflessioni	I movimenti vanno fatti lentamente e in modo rilassato. Inizialmente fare molto rumore espirando - questo aiuta ad abituare i bambini (a cui piace molto produrre i rumori) a espirare con la bocca. Il movimento del diaframma, anche se capito e messo in pratica in tempi rapidi resterà a lungo al centro dell'attenzione. Con la pratica diventerà la forma naturale di respirazione.

Vocalizzi

Con questa sezione dedicata a vocalizzi di ambientazione stilistica più attuale rispetto ai consueti esercizi abbiamo la possibilità di creare un momento di studio e divertimento allo stesso tempo. I bambini si sentono coinvolti in una idea musicale familiare, vicina al proprio modo di sentire. Attraverso lo stile e il gusto ritmico sotteso a tutti i brani si crea un clima di grande partecipazione.

Vocalizzo 1
Quel che si canta, non è in effetti *"b-r-r"*, ma il verso del *Cavallo che sbuffa (vedi scheda Facciamo che ero... 2)*. Lo schema vocalico proposto si ripete in ogni tonalità. Facendo un normale *percorso*, su più tonalità per passi di un semitono, cambiare la *"i"* con le altre vocali *"a"*, *"o"*, *"e"*, *"u"*. Sottolineare sempre la rilassatezza di labbra, faccia, gola, spalle, busto nella posizione del *cavallo che sbuffa*. Ai bambini che non riescono ad emettere un suono facendo vibrare le labbra a bocca chiusa, proporre di pronunciare un *"b-r-r"* vero e proprio, facendo vibrare la lingua contro la parte superiore del palato a bocca semiaperta.

Vocalizzo 2
Scorrevole, accompagnare ogni minima con la spinta del diaframma. Una possibile variante ritmica, da introdurre eventualmente per le tonalità più alte: sostituire le tre minime con sei semiminime.

Vocalizzo 3
Va cantato con un unico respiro. Effettuare un'ispirazione profonda in corrispondenza della pausa nella parte vocale (nel momento dell'introduzione della dominante della tonalità successiva).

Vocalizzo 4
Prendere respiro ogni due battute. Dopo ogni respiro cambiare la sillaba. Controllare che la posizione della bocca sia la stessa per tutte le vocali. Prendere a modello la posizione assunta per la *"o"*.

Vocalizzo 5
Prendere respiro dopo ogni segmento di due battute, ad eccezione dell'ultimo, che dura tre battute.

Vocalizzo 6
Due varianti di respirazione: un unico respiro per gli allievi del livello avanzato, due respiri per i principianti (secondo respiro dopo la quarta battuta).

Vocalizzo 7
Ad ogni cambio di tonalità cambiare anche sillaba: *"ni"*, *"ne"*, *"no"*, *"nu"*. Chiedere di dare una bella spinta con l'addome in corrispondenza di ogni battere accentato.

Vocalizzo 8
Lavorare sulla dinamica, *crescendo* verso la nota più alta (con l'aiuto del diaframma), e *diminuendo* verso la nota bassa. Cantare *appoggiato* le ultime quattro note, accompagnandole con singole spinte del diaframma (su ogni nota).

Vocalizzo 9
Due sono le possibili articolazioni: cantare *legato* ogni gruppo di quattro note o cantare *appoggiato* ogni nota. In entrambi i casi si prende un unico respiro per le quattro note, ma nel secondo caso ogni nota va accompagnata con una leggera pressione del diaframma.

Vocalizzo 10
Esercizio sul respiro a intervalli di tempo regolari, sull'ultima croma. Chiedere un'inspirazione *attiva*, mandando avanti la pancia molto energicamente. Altrettanto attiva è l'espirazione, con ogni prima nota accentata.

Vocalizzo 11
Cantare molto leggero, divertendosi (!). Veloce, da poter fare un unico respiro.

Vocalizzo 12
Fare particolare attenzione all'attacco/respiro, sul III movimento della battuta. Usare tutte le vocali (cambiando vocale con il cambio di tonalità). Prendere *"l'ascensore"* (glissando) per scendere sulla tonica. La prima nota leggera, quella d'arrivo più presente.

Vocalizzo 13
Cantare staccato e molto leggero le prime quattro note, scaricando peso sull'ultima nota (in basso). Mantenere la stessa posizione della testa, bocca ben aperta.

Vocalizzo 14
Avvicendare le cinque vocali in modo fluido e senza differenziare la posizione della bocca.

Vocalizzo 15
La canzone di Andrei è in pratica, così come viene utilizzata nel gioco, un piccolo vocalizzo.
Nel momento in cui viene ripreso durante l'ultimo periodo, si potrà fare maggiore attenzione all'omogeneità d'emissione sulle diverse vocali.

La parte pianistica, spesso *swingata*, è stata trascritta col ritmo esatto con cui viene eseguita anziché in notazione convenzionale (la consueta suddivisione binaria da eseguire con suddivisione ternaria). Questo, allo scopo di renderne l'interpretazione più agevole anche ai musicisti classici che non hanno familiarità con questo genere.

N.B.
Per l'esatta posizione della bocca nell'emissione iniziale indicata con *"b-r-r"* vedi le indicazioni date a proposito del *Cavallo che sbuffa, scheda Facciamo che ero... 2.*

VOCALIZZO 2

VOCALIZZO 2, variante

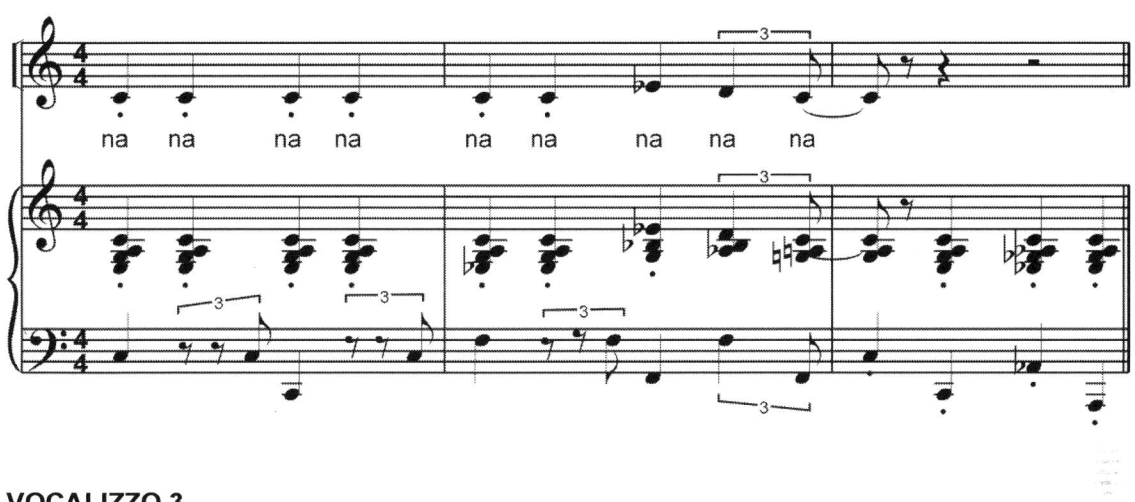

VOCALIZZO 3

ni_____   ne_____   no_____   nu_____

117

Pedale

Partiture

CANZONI		
titolo	**estensione vocale**	**annotazioni**
1. Din-Don-Dan	I voce: 3 magg. II voce: 6 min.	testo e musica:: Claudio Lupo
2. Ninna-nanna (Wiegenlied)	I voce: ottava II voce: ottava	Bernhard Fliess, già attribuita a W.A.Mozart arr. per due voci e pf: C.Lupo
3. Suliko	I voce: 7 min. II voce: 5 giusta	tradizionale georgiana arr. per due voci e pf: C.Lupo
4. In un giardinetto (Vo sadu li, v ogorode)	I voce: 6 min. II voce: 6 min.	tradizionale russa testo it e arr. per due voci e pf: C.Lupo
5. Al di là del bosco (Ša lesočkom)	I voce: ottava II voce: 3 min.	tradizionale russa testo it e arr. per due voci e pf: C.Lupo
6. Piccolo principe	I voce: 8 dim. II voce: 8 dim.	testo e musica: Claudio Lupo
7. Cu-cu (Kuckuck, Kuckuck ruft's aus dem Wald)	I voce: 5 giusta II voce: 6 min.	tradizionale tedesca arr. per due voci e pf: C.Lupo
8. L'asinello (Hänschen klein)	I voce: ottava II voce: ottava	tradizionale tedesca testo it e arr. per due voci e pf: C.Lupo

9. Un, due, tre (A,B,C, die Katz' lief in den Schnee)	I voce: 6 magg. II voce: 7 min.	tradizionale tedesca testo it e arr. per due voci e pf: C.Lupo
10. Kumbaya	I voce: 6 magg. II voce: 6 min.	Spiritual arr. per due voci e pf: C.Lupo
11. Il marchese di Carabas	I voce: 6 min. II voce: 6 min.	testo e musica: Claudio Lupo
12. La gara di canto (Der Kuckuck und der Esel)	I voce: 6 magg. II voce: 7 min.	testo: H. Hoffmann von Fallersleben, musica: .F.Zelter, arr. per due voci e pf: C.Lupo
13. Tartaruga, cavallo, formica	5 giusta	testo e musica: Claudio Lupo
14. Alegria do Natal	I voce: 9 min. II voce: 9 min.	tradizionale testo it e arr. per due voci e pf: C.Lupo
Breve suite su brani elisabettiani:		
15. Nel regno del grande sole d'or (English Dance)	I voce: 8 giusta II voce: 8 giusta	elisabettiano testo it e arr. per due voci e pf: C.Lupo
16. Canto di principi e principesse (Greensleeves)	10 min.	elisabettiano testo it e arr. per due voci e pf: C.Lupo

17. Valoroso cavalier (The Sick Tune)	9 magg.	elisabettiano testo it e arr. per due voci e pf: C.Lupo
18. Prode cavalier (The Maids In Constrite)	I voce: 7 min. II voce: 9 min.	elisabettiano testo it e arr. per due voci e pf: C.Lupo
19. Battaglia (Kemp's Jig)	I voce: 8 giusta II voce: 8 giusta	elisabettiano testo it e arr. per due voci e pf: C.Lupo
20. Finale (Watkin's Ale)	9 magg.	elisabettiano testo it e arr. per due voci e pf: C.Lupo
21. La notte	I voce: 6 magg. II voce: 4 giusta III voce: 6 min.	testo e musica: Claudio Lupo
22. Vola e va' (Summ, summ, summ)	(tre voci a cappella) I voce: 5 giusta II voce: 6 magg. III voce: ottava	testo: H. Hoffmann von Fallersleben, musica: trad. boema, arr. per tre voci: C.Lupo
23. Un, due, tre (A,B,C, die Katz' lief in den Schnee)	(tre voci a cappella) I voce: 6 magg. II voce: 6 magg. III voce: 7 min.	tradizionale tedesca testo it e arr. per tre voci: C.Lupo
24. Kumbaya	(tre voci a cappella) I voce: 6 magg. II voce: 6 min. III voce: 5 giusta	spiritual arr. per tre voci: C.Lupo
25. Il matrimonio degli uccelli	I voce: 5 giusta II voce: 4 giusta	tradizionale tedesca arr. per due voci e pf: C.Lupo

26. Sopra il monte	I voce: 8 giusta II voce: 6 min.	tradizionale russa testo it e arr. per due voci e pf: C.Lupo
27. Sopra verdi prati	I voce: 8 giusta II voce: 7 dim.	testo tradizionale musica: P.I.Tchaikowskij testo it: C.Lupo
28. Rosaspina	I voce: 6 magg. II voce: 6 magg.	tradizionale tedesca testo it e arr. per due voci e pf: C.Lupo
29. Uno zoccolo sul mare	I voce: 9 minore II voce: 8 giusta.	testo e musica: Claudio Lupo
30. Canzone popolare ungherese	I voce: 5 giusta II voce: 4 giusta	tradizionale ungherese arr. per due voci: C.Lupo
31. Solfeggio polifonico a due voci	I voce: 4 giusta II voce: 3 magg.	musica Claudio Lupo

Moderato

Din, don, din, din, don, don,

din, din, din, din, don, don, don, don, din, din, don, don,

seconda volta, piano

dan, dan. Oh, quan - te cam - pa - ne

dan, dan, dan, dan. Oh, quan - te cam - pa - ne

suo - na - no per noi; gran - di_e pic - co - li - ne, suo - na - no las - sù.

suo - na - no per noi, gran - di_e pic - co - li - ne, suo - na - no per noi.

126

Din, don, dan, din, don, dan, din, don, dan, din, don, din dan, din,

Din, don, dan, din, don, dan, din, dan, din,

don, din, dan, din, don, din, dan, din, don, din, don, dan, din, don,

don, din, dan, din, don, din, dan, din, don, din, dan, din,

dan, din, don, dan, din, don. dan.

don, din, dan, din, don, din, dan, din, don.

Andante cantabile

128

s'af-fac-cia dal-la fi - ne - stra, tu nel-l'ar-gen-teo chia - ro - re

cie - lo, dal-la fi-ne-stra ti ve - glie - rà.

dor - mi, mio dol - ce te - sor. Ri po - sa, mio dol-ce te

Dor - mi mio dol - ce te - sor, dor - mi, mio dol - ce te

-sor, ri po - sa mio dol - ce te - sor.

-sor, dor - mi, mio dol - ce te - sor.

(per finire)

(Il volta rall.)

Chi più felice di te!
Sol pace e serenità.

Dolci e balocchi tu avrai
Sempre in gran quantità.

Quante attenzioni perché
Non debba piangere mai.

Il tuo futuro, chissà
Cosa ti riserverà.

Riposa, mio dolce tesor.
Riposa, mio dolce tesor.

Chi più felice di te!
Sol pace e serenità.

Dolci e balocchi tu avrai
Sempre in gran quantità.

Quante attenzioni perché
Non debba piangere mai e poi mai

Dormi, mio dolce tesor,

Dormi, mio dolce tesor.
Dormi, mio dolce tesor,

Questa ninna nanna, già attribuita a W.A.Mozart è in realtà di Bernhard Fliess.

Allegro

-ko.
-rò.

la la la la la   la la   la,

-ko.
-rò.

la   la   la   la   la   la la la

la la la la la   la la   la,

la   la   la   la   la   la la la

la la la la la la la la

la la la la la la la la

(per finire)

la   la   la,   la la la la la   la la   la.

la   la   la   la la la la la   la la   la.

(per finire)

132

Scorrevole

In un giar - di - net - to pas - seg - gia - va_u - na fan

-ciul - la dal - la pel - le d'a - la - ba - stro_e

dai ca - pel - li d'o - ro. Un ra - gaz - zo

dol - ce_e buo - no sem - pre la se - gui - va,

dol - ce_e buo - no sem - pre la se - gui - va,

sor - ri - de - va e le re - ga - la - va tan - ti

sor - ri - de - va e le re - ga - la - va tan - ti

fio - ri.

fio - ri.

Mosso

Al di là del bo - sco c'è-ra_un a-si - nel - lo,
Al di là del

col suo man - to bian - co_e ne - ro e - ra pro - prio bel - lo.
bo - sco co - sa c'è?

2.	Al di là del bosco vola l'uccellino, vuole fare il nido sopra il ramo di quel pino.	2.	Un bell'uccellino vola in ciel.
3.	Al di là del bosco canta la civetta, chiama da lontano la sua mamma che l'aspetta.	3.	Chiama la civetta da lontan.
4.	Al di là del bosco ci risponde l'eco, è la nostra voce che rimbalza e torna indietro.	4.	L'eco della voce torna qua.
5.	Quando vien la sera e s'alza la luna quante stelle in cielo puoi contarle ad una ad una.	5.	Quante stelle in cielo puoi contar.

Jazz waltz

per andare alle strofe_____

per finire_____

138

1. Ol - tre le nu - vo - le, tra gli a - ste
2. 3. Tra - mon - ti e ba - o - bab, de - ser - ti e
tut - to s'il - lu - mi - na co - me i tuoi
4. 5. Nel cie - lo bril - la - no ste - le fan
Quan - do ti ri - ve - drò, Pic - co - lo

-ro - i - di vo - li nel cie - lo blu,
uo - mi - ni, vol - pi fi - lo - so - fe,
ric - cio - li per chi sa scor - ge - re
-ta - sti - che e mi ri - cor - da - no
Prin - ci - pe, quan - ta fe - li - ci - tà

(da capo al ⊕)

Pic - co - lo Prin - ci - pe.
ser - pen - ti e pe - co - re:
ciò che è in - vi - si - bi - le.
che ho un a - mi - co in te.
nel - la mia a - ni - ma!

(rit. dopo 1. 3. e 5. strofa)

(da capo al ⊕)

139

ritornello

1.   Oltre le nuvole,
tra gli asteroidi
voli nel cielo blu,
piccolo principe.

ritornello

2.   Tramonti e baobab,
deserti e uomini,
volpi filosofe,
serpenti e pecore:

3.   tutto s'illumina
come i tuoi riccioli
per chi sa scorgere
ciò ch'è invisibile.

ritornello

4   Nel cielo brillano
stelle fantastiche
e mi ricordano
che ho un amico in te.

5.   Quando ti rivedrò,
piccolo principe,
quanta felicità
nella mia anima!

ritornello

pri - ma - ve - ra pre - sto sa - rà!

pri - ma - ve - ra pre - sto sa - rà!

E'_un uc - cel - li - no tan - to pic - ci - no:

E'_un uc - cel - li - no tan - to pic - ci - no:

pri - ma - ve - ra pre - sto sa - rà!

pri - ma - ve - ra pre - sto sa - rà!

Allegro molto

la la la   la   la la la la

la la la   la   la la la la

la la la   Con cap - pel - lo_e ba ston

la la la   Con il   cap - pel - lo_e_il   ba

fuo - ri_a pas - seg - giar.

-sto - ne_a pas - seg - giar.

144

Allegro moderato

Spiritual

2. Someone's singing, my Lord, Kumbaya,
   someone's singing, my Lord, Kumbaya,
   someone's singing, my Lord, Kumbaya,
   oh Lord, Kumbaya.

3. Someone's praying, my Lord, Kumbaya,
   someone's praying, my Lord, Kumbaya,
   someone's praying, my Lord, Kumbaya,
   oh Lord, Kumbaya.

4. Someone's weeping, my Lord, Kumbaya,
   someone's weeping, my Lord, Kumbaya,
   someone's weeping, my Lord, Kumbaya,
   oh Lord, Kumbaya.

5. Come by here, my Lord, Kumbaya,
   Come by here, my Lord, Kumbaya,
   Come by here, my Lord, Kumbaya,
   oh Lord, Kumbaya.

Vivace

Cor - re not - te_e gior - no per i bo - schi_e le cit
Fì - glio d'un mu - gna - io, sen - za sol - di_in ve - ri

-tà nel la sua car - roz - za il mar
-tà, u - no stra - no gat - to ri - ce

-che - se di Ca - ra - bas. Da do - ve vie - ne,
-vet - te_in e - re - di - tà. Ric - co sa - rà

Il re si chiedeva " 'Sto marchese chi sarà?
Proprio non ricordo alcun marchese di Carabas".

    Da dove viene? Chi mai sarà?
    Questo nessuno lo sa!
    Da dove viene? Chi mai sarà?
    Questo nessuno lo sa!

Quando il re chiedeva *"Queste terre chi le ha?"*
Tutti rispondevano *"Il marchese di Carabas"*.

    Ricco sarà e sposerà
    la bella figlia del re.
    Ricco sarà e sposerà
    la bella figlia del re.

149

Il suo gat - to fur - bo_e scal - tro ne_in - ven - ta - va del - le bel - le:
ai pas - san - ti, dis - se "Pre - sto! Dei bri - gan - ti
-roz - za tut - ta d'o - ro giun - se_il re_in per - so - na,

con i suoi sti - va - lì dal - le set - te le - ghe
han no de - ru - ba - to dei suoi bei ve - sti - ti
gli do - nò_un ve - sti - to, lo_in - vi - tò_al - la reg - gia,

in un bat - ter d'oc - chio la sua for - tu - na fa
il pa - dro - ne mi - o, Mar - che - se di Ca - ra
la sua bel - la fi - glia su - bi - to s'in - na - mo

1. e 2.   3.   dal 𝄋 al ⊕ , poi §

-rà.   Chie - se_a - iu - to - rò
-bas"   In u - na car

1. e 2.   3.

150

§ Il pa - dro - ne d'un ca - stel - lo, or - co, ma - go_e
che - se di - ven - tò pa - dro - ne

va - ne - rel - lo, in un to - po - li - no vol - le tra - sfor
del ca - stel - lo. Con la prin - ci - pes - sa, col suo fi - do

-mar - si: fur - bo,_il gat - to, su - bi - to se lo man
gat - to vis se - ro con - ten - ti in gran - de fe - li - ci

1.   2.
-giò.   E co - sì_il   mar - tà.

Da do - ve vie - ne, chi mai sa - rà?

Que - sto nes - su - no lo sa. Da do - ve vie - ne, chi mai sa - rà?

Que - sto nes - su - no lo sa.

Variante nella parte pianistica

153

Variante a due voci

Testo completo

Corre notte e giorno per i boschi e le città
nella sua carrozza il marchese di Carabas.

Da dove viene? Chi mai sarà?
Questo nessuno lo sa!
Da dove viene? Chi mai sarà?
Questo nessuno lo sa!

Figlio d'un mugnaio, senza soldi in verità,
uno strano gatto ricevette in eredità.

Ricco sarà e sposerà
la bella figlia del re.
Ricco sarà e sposerà
la bella figlia del re.

Il suo gatto furbo e scaltro
ne inventava delle belle.
Con i suoi stivali dalle sette leghe
In un batter d'occhio la sua fortuna farà.

Chiese aiuto ai passanti
disse *"Presto, dei briganti
hanno derubato dei suoi bei vestiti,
il padrone mio, Marchese di Carabas"*.

In una carrozza tutta d'oro
Giunse il re in persona,
Gli donò un vestito, lo invitò alla reggia,
La sua bella figlia subito s'innamorò.

Il re si chiedeva " *'Sto marchese chi sarà?
Proprio non ricordo alcun marchese di Carabas"*.

Da dove viene? Chi mai sarà?
…

Quando il re chiedeva *"Queste terre chi le ha?"*
Tutti rispondevano *"Il marchese di Carabas"*.

Ricco sarà e sposerà
…

Il padrone d'un castello
Orco, mago e vanerello
In un topolino volle trasformarsi:
furbo, il gatto, subito se lo mangiò!

E così il marchese diventò padrone del castello,
Col suo fido gatto, con la principessa,
Vissero contenti in grande felicità.

Da dove viene? Chi mai sarà?
…

Allegretto

Un a - si - no col mer - lo un gior - no ga - reg - giò per mo

Un a - si - no col mer - lo un gior - no ga - reg - giò per mo

leggero e staccato

-strar chi_e - ra più a - bi - le nei gor - gheg - gi_e nel can - ta - bi - le, coi

-strar chi_e - ra_il più a - bi - le nei gor - gheg - gi_e nel can - ta - bi - le, coi

vo - ca - liz - zi_in - co - min-ciò: "Ih - ah, ih - ah, ih - oh".

vo - ca - liz - zi_in - co - minciò: "ih - ah, ih - ah, ih - oh".

2.   Il merlo disse *"Ascolta*
che bella voce ho!"
Gli rispose allora l'asino,
gli rispose allora l'asino:
"Più bella è la mia voce ancor,
Ih-ah, ih-ah, ih-oh!"

3.   Un'armonia sublime
Quel giorno si ascoltò:
Così bella e così nobile
Gli animali mai l'udirono.
Insieme i due cantavano
„Ih-ah, ih-ah, ih-oh!"

Moderato

U - na gran - de tar - ta - ru - ga len - ta

-men - te va_a pas - seg - gio. Un ca - val - lo pas - sa_al tror - to

con - la sua cri - nie - ra_al ven - to. La for - mi - ca, pic - co - li - na,

dal - la se - ra_al - la mat - ti - na, tut - to_il gior - no sen - za so - sta dal la - vo - ro non si sco - sta.

Latin

La   la la la la   la la la la la

la   la la la la la   la la   la   Al – be – ri   con   mil

- le   lu - ci,   la la la la la la   la   la la

Not - te_e gior - no   le   cam - pa - ne: la la la la la la   la

la   la   il Na - ta - le sta_ar   - ri - van - do

la la la la la la la   la   la

Tut - ti_in co ro_an - diam can - tan - do. la la la la la la la

la la la la la

divisi 1.

la la la

la la la la

la la

alle strofe seguenti (𝄉)__ per finire_____

2. Tutti insieme esultiamo
la la la…
ripetendo un dolce canto.
la la la…
Presto il buon Babbo Natale
la la la…
porterà tanti regali
la la la…

la la…

3. Piano e senza far ritardo
la la la…
è arrivato un nuovo anno.
la la la…
Tutto è festa, tutto è amore.
la la la…
Viva le persone buone!
la la la…

la la…

Moderato

-de - va più, non can - ta - va più, e - ra tri - ste sen - za per

-de - va più, non can - ta - va più, e - ra tri - ste sen - za per

-ché   e sem - pre pian   -   ge - va quel

-ché.   Con   le sue da - me_e coi suoi ca - va

re   con le sue da - me_e coi suoi ca - va - lier.

-lier   pian - ge - va quel vec - chio   re.

Questo brano elisabettiano, insieme ai cinque pezzi successivi, costituisce un piccolo ciclo da rappresentarsi in forma semi-scenica.

Il testo e la semplice trama sono ovviamente d'invenzione. I titoli originali dei brani sono, nell'ordine: *English Dance, Greensleeves, The Sick Tune, The Maids in Contrite, Kemp's Jig, Watkin's Ale.*

L'azione viene illustrata, nelle pause tra i vari brani, da brevi didascalie che gli stessi bambini leggeranno. Ad esempio:

I bambino: "In un regno incantato viveva, tanto tempo fa, un re vittima d'un incantesimo: una strega lo aveva condannato ad essere sempre triste".

Nel regno del grande sole d'or (*English Dance*)

II bambino: "I figli e le figlie del re, principi e principesse con doti magiche, cantavano spesso per consolare il loro padre ma senza successo".

Canto di principi e principesse (*Greensleeves*)

III bambino: "Un giorno principi e principesse chiesero alla strega malvagia di far cessare l'incantesimo. La strega obbedì ma in cambio mise un drago a guardia del castello, così che nessuno poteva più entrare né uscire. Principi e principesse si rivolsero allora ad un intrepido cavaliere che viveva nel castello e gli ordinarono di combattere il drago cattivo con l'aiuto di Pegaso, il cavallo alato del re".

Valoroso cavalier (*The Sick Tune*)

IV bambino: "Prima della battaglia principi e principesse ricordarono al cavaliere la virtù più importante, oltre al coraggio, per sconfiggere il drago: un cuore buono".

Prode cavalier (*The Maids in Contrite*)

V bambino: "Il drago arrivò, spaventoso, tra fuoco e fiamme; il cavaliere era pronto ad affrontarlo senza timore in groppa al suo cavallo alato".

Battaglia (*Kemp's Jig*)

VI bambino: "Al termine della battaglia il drago giaceva al suolo sconfitto e tutti - principesse, principi, dame, cavalieri, nobili, soldati e cortigiani - festeggiarono la riconquistata libertà".

Finale (*Watkin's Ale*)

Andante cantabile

La   la   la   la   la   la   la   la   la   la   la   la   etc.

Va - lo - ro - so ca - va - lier,

li - be - ra_il ca - stel - lo!

Nel - le scu - de - rie del re

un ca - val - lo_a - la - to tro - ve - rai.

Il suo no - me_è Pe - ga - so e

bian - co_è_il suo man - tel - lo,

vo - le - rai più_in al - to del - le nu - vo - le, più_in al - to del - la

lu - na_e del - le stel - le.

Principesse, saggio Re,
nobili Signori,
con onor combatterò
e il castello libero sarà!

Il cattivo drago con la spada affronterò.
Volerò più in alto delle nuvole,
più in alto della luna e delle stelle.
Volerò più in alto delle nuvole,
più in alto della luna e delle stelle.

Adagio

Allegro moderato

Ec - co_ar - ri - va_il dra - go_in u - na nu - vo - la di fu - mo

Ec - co_ar - ri - va_il dra - go_or - ri - bi - le,

fan-no fuo-co_e fiam-me, spriz-za-no fa - vil-le le sue fau - ci spa-ven - to - se.

a - li gran - di co - me_il ciel.

Ha due gran-di_ar - ti - gli_ed oc-chi ros-si co - me bra - ce,

Vo - la_in al - to so - pra Pè - ga - so

ver - de la co - raz - za, lun - ga la sua co - da, a - li gran - di co - me_il cie - lo.

con la spa - da_il ca - va - lier.

L'in - vi - ci - bi - le ca - va - lier pie - no di co - rag - gio s'a - van - za! Lot - ta, ca - va

Hei hei hei! Ha ha ha! Lot - ta, ca - va

- lier, non t'ar - ren - de - re, non fer - mar - ti mai!

- lie - re non fer - mar - ti mai!

173

Allegro

Il gran-de dra-go_è sta-to_uc-ci-so_e li - be-ra-to_è_il no-stro re!

In

al - to sven-to - la_il ves-sil - lo del - re-gno del So-le d'or.

O - ra siam li - be-ri

di rin-cor-re-re   fiu-mi_e nu-vo-le_il   so le, le stel - le!.

E sa - rà

bel-lo_an - dar   ol - tre l'ar-co-ba - le - no!

Na - vi - gar

175

so - pra_i mar, ol - tre_i con - fi – ni del cie - lo.

Ca - val - car

e vo - lar ol - tre_i con - fi – ni del mon - do!

poco trattenendo

176

Andante

Ver - so se - ra e - si - te - rà

Nel - la not - te,_ap - pe - se las - sù,

Quan - do_il gal - lo si sve - glie - rà

al - l'o - riz - zon - te, sul - la cit - tà,

mil - le fiam - mel - le per - se nel blu,

ed il suo can - to ri - suo - ne - rà,

177

ros - so_il so - le tra - mon - te - rà,

at - tra - ver - so l'o - scu - ri - tà,

an - che l'al - ba ar - ri - ve - rà,

per finire

d'o - ro_e d'ar - gen - to tut - to sa - rà.

per finire

ap - pa - ri - ran - no sul - la cit - tà.

per finire

un nuo - vo gior - no co - min - ce - rà.

per finire

per finire

178

VOLA E VA'! (versione a tre voci a cappella)

Mosso

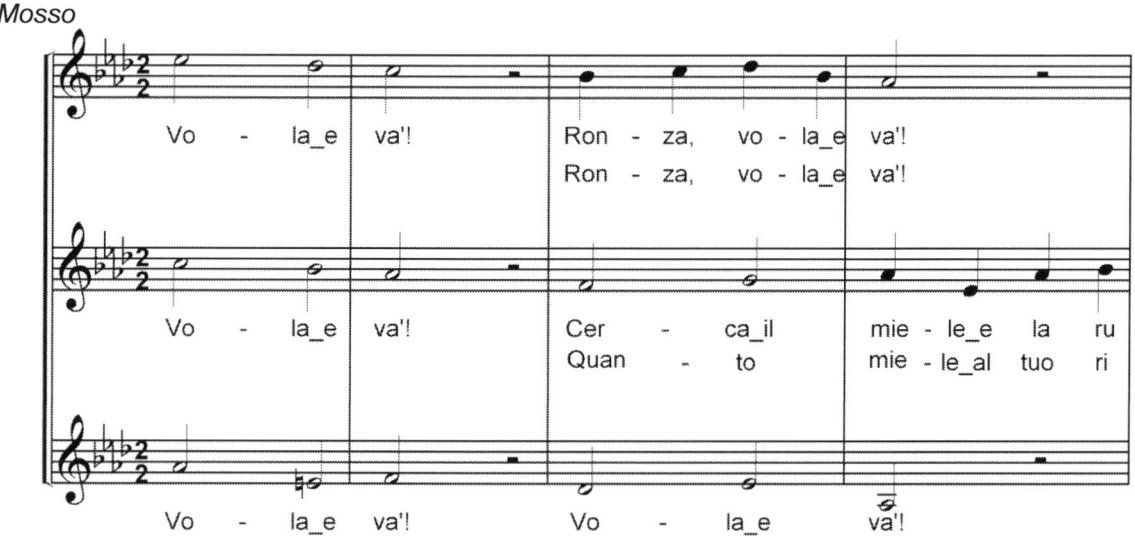

Vo - la_e va'!
Ron - za, vo - la_e va'!
Ron - za, vo - la_e va'!

Vo - la_e va'!
Cer - ca_il mie - le_e la ru
Quan - to mie - le_al tuo ri

Vo - la_e va'!
Vo - la_e va'!

Cer - ca_in tut - ti_i fio - rel - li - ni la ru - gia - da nei giar - di - ni:
Tor - na lie - ta_al - l'al - ve - a - re: quan - to mie - le po - trai fa - re!

-gia - da nei giar - di ni.
-tor - no po - trai fa - re!

Vo - la!
Vo - la!

Vo - la_e va'!
Ron - za, vo - la_e va'!
vo - la_e va'!
Ron - za, vo - la_e va'!

Vo - la_e va'!
Vo - la_e va'!

Vo - la_e va'!
Vo - la_e va'!

Allegro moderato

Spiritual

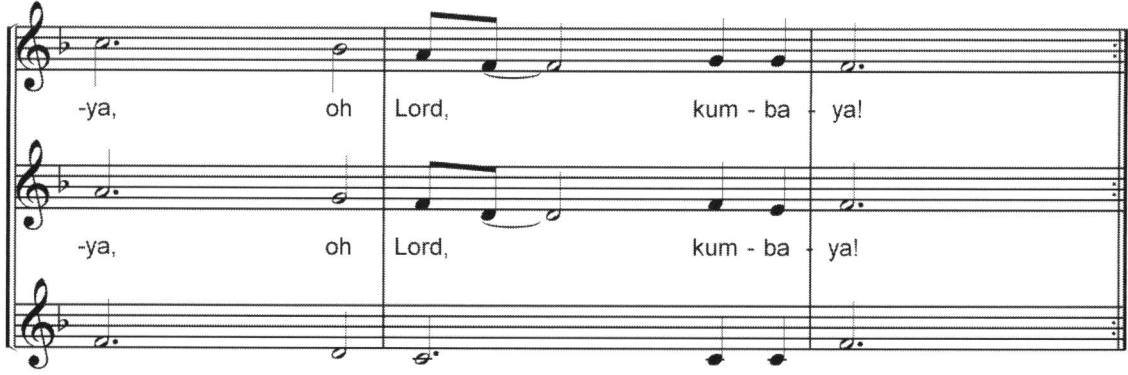

2. Someone's singing, my Lord, Kumbaya,
    someone's singing, my Lord, Kumbaya,
    someone's singing, my Lord, Kumbaya,
    oh Lord, Kumbaya.

3. Someone's praying, my Lord, Kumbaya,
    someone's praying, my Lord, Kumbaya,
    someone's praying, my Lord, Kumbaya,
    oh Lord, Kumbaya.

4. Someone's weeping, my Lord, Kumbaya,
    someone's weeping, my Lord, Kumbaya,
    someone's weeping, my Lord, Kumbaya,
    oh Lord, Kumbaya.

55. Come by here, my Lord, Kumbaya,
    Come by here, my Lord, Kumbaya,
    Come by here, my Lord, Kumbaya,
    oh Lord, Kumbaya.

2.

Quattro, cinque,
sei e sette.
Sei e sette,
otto e nove:

non è qui,
non è là,
in America?
Chissà!

non è qui,
non è là,
in America?
Chissà!

Si ce - le - bra - va_un ma - tri - mo - nio_un dì di pri - ma - ve - ra. Tra - la

-la - la, tra - la - la - la, tra - la - la - la.

Tra - la - la, tra - la - la, tra - la - la - la - la.

Si celebrava un matrimonio
un dì di primavera.
Tra la la la,
Tra la la la
Tra la la la

Lo sposo, un barbagianni,
era un vecchietto d'undici anni.
Tra la la la...

La gazza era la sposa,
bianca, nera e un po' boriosa.
Tra la la la...

Un'aquila reale
intonò il canto nuziale
Tra la la la...

S'aggiunse il cardellino
che suonava il suo violino.
Tra la la la...

un piccolo usignolo
fece un lungo e bell'assolo.
Tra la la la...

I testimoni, due stornelli,
porsero gli anelli.
Tra la la la...

Un corvo, che elegante, offriva
a tutti lo spumante.
Tra la la la...

Che strano tipo, un pappagallo
col vestito giallo!
Tra la la la...

Che ricco il fenicottero arrivò
con l'elicottero.
Tra la la la...

Quando arrivò la capinera
s'era fatta sera.
Tra la la la...

Portiere era il piccione,
chiuse subito il portone.
Tra la la la...

2.
Foglie e rami al vento ondeggiano,
foglie e rami al vento ondeggiano.

3.
Su nel cielo allegri volano,
spensierati merli e passeri.

4.
Sopra i rami ora si posano,
tutti insieme in coro cantano.

Le parti strumentali alternate alle voci possono essere realizzate con sonagli, tamburi a cornice, tamburelli con sonagli. Si può aggiungere una introduzione oppure una coda strumentale con le sole percussioni.

La bel - la Ro - sa - spi - na dor - mi - va da_un se - co - lo, gia

La bel - la Ro - sa - spi - na dor - mi - va da_un se - co - lo, gia

-ce - va fred - da_e_im - mo - bi - le not - te_e dì. Più

-ce - va fred - da_e_im - mo - bi - le not - te_e dì. Più

di cent'anni dormirai,
dormirai, dormirai!
Così disse la strega
un brutto dì.

Cent'anni dopo su un cavallo
arrivò un principe,
un principe bellissimo
e la svegliò.

Che gioia incontenibile,
nobili e sudditi
insieme festeggiarono
notte e dì.

189

-bi — ni con im - pe — gno si son mes — si_a na - vi — ga — re. Per il
-ché stan - no so - gnan — do for - se stan — no na - vi — gan - do su nel

ma — re, con la re — te van-no_a pe — sca_in ac-que che - te.
cie — lo, non in ma — re e con - ti — nua-no_a pe — sca — re.

La la la

trattenendo

trattenendo

da capo al 𝄋

192

Questa famosa e facile canzone è elaborata qui in una versione a due voci volutamente senza testo, in modo tale da arrivare a *scoprirla* attraverso alla lettura delle note.

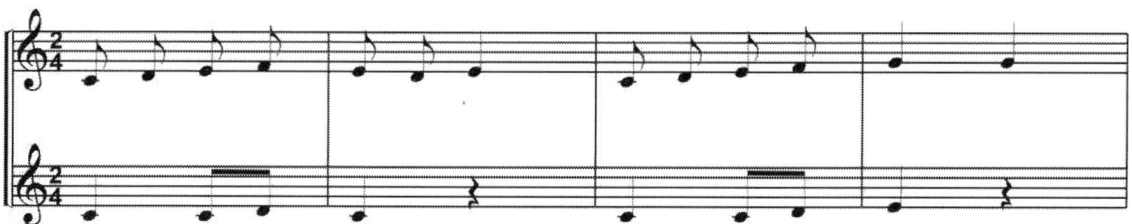

Progetti e partiture strumentali

Acquisizioni	Pratica strumentale d'insieme. Ascolto critico. Creatività.
Descrizione sintetica	Composizioni estemporanee da suonare in gruppo scegliendo liberamente la propria parte tra varie possibilità indicate su pentagramma.
Materiali utilizzati	Metallofono, barre intonate, xilofono
Svolgimento del gioco	Ogni scheda è un progetto a sé. Ogni bambino sceglie, all'interno di una scheda, un sistema (rigo) da suonare. Si può decidere di iniziare con più voci oppure può iniziare un solo esecutore, in questo caso gli altri si inseriranno a piacere, gradatamente facendo attenzione al tempo. A parte questa - ovvia - necessità di osservare uno stesso metronomo non vi sono regole riguardo il modo in cui sovrapporre le parti: ognuno può *entrare* nel brano quando vuole, può eseguire più vote la propria parte, fermarsi e reinserirsi a piacere nel contesto esecutivo. N.B. si possono utilizzare tutti i sistemi indicati o soltanto alcuni di essi. Volendo si può passare da un sistema all'altro nel corso del pezzo con la più ampia libertà.
Sviluppi e varianti	Possiamo prevedere momenti in cui inserire parti improvvisate. Alcuni sistemi in alcune schede risultano vuoti. E' possibile utilizzarli per trascrivervi parti originali, di propria composizione da inserire nel contesto a fianco alle altre: potrebbe risultare utile nel caso di particolari esigenze legate alle possibilità del singolo studente.

Soluzioni, accorgimenti, riflessioni	Le *Musiche modulari* <u>non</u> sono concepite come partiture esaustive. Sono piuttosto una sorta di canovaccio, di *struttura aperta*.

Introducono al *suonare insieme* affrontando soltanto alcune questioni fondamentali rinunciando volutamente ad altri aspetti più complessi.

L'assenza di una partitura esaustiva evita così l'obbligo di inserirsi in un momento preciso nel contesto di insieme. Allo stesso modo non c'è bisogno di controllare la fedeltà del risultato sonoro rispetto ad una partitura data, ciò che implicherebbe la capacità da parte di un bambino di leggere e rappresentare mentalmente una partitura polifonica, controllare contemporaneamente l'esito sonoro di tale contesto polifonico e seguire allo stesso tempo la propria parte strumentale. Al contrario, bambini possono concentrarsi in modo rilassato su alcuni aspetti basilari nella musica d'insieme: avere un tactus comune, *sentire* il tempo ed essere inseriti in un contesto temporale strutturato.

In tutto questo agiscono in modo estremamente positivo una grande motivazione espressiva, e la libertà di azione: il bambino è libero di scegliere il momento in cui inserirsi e di fermarsi.

La potenzialità creativa si dispiega nel corso del gioco e diventa motivo per acquisire capacità tecniche.

Si introducono infine, attraverso questa prassi, concetti artistici e compositivi attuali. |

202

Anche in questo caso ogni sistema è riferito ad un diverso esecutore che deve eseguire però soltanto due battute. L'esecuzione è pensata per piccoli strumenti propedeutici a percussione. Le entrate si succedono l'una dopo l'altra. Durante l'esecuzione ogni esecutore può fermarsi per un certo tempo e poi reinserirsi. La conclusione del pezzo è da concordare tutti insieme.

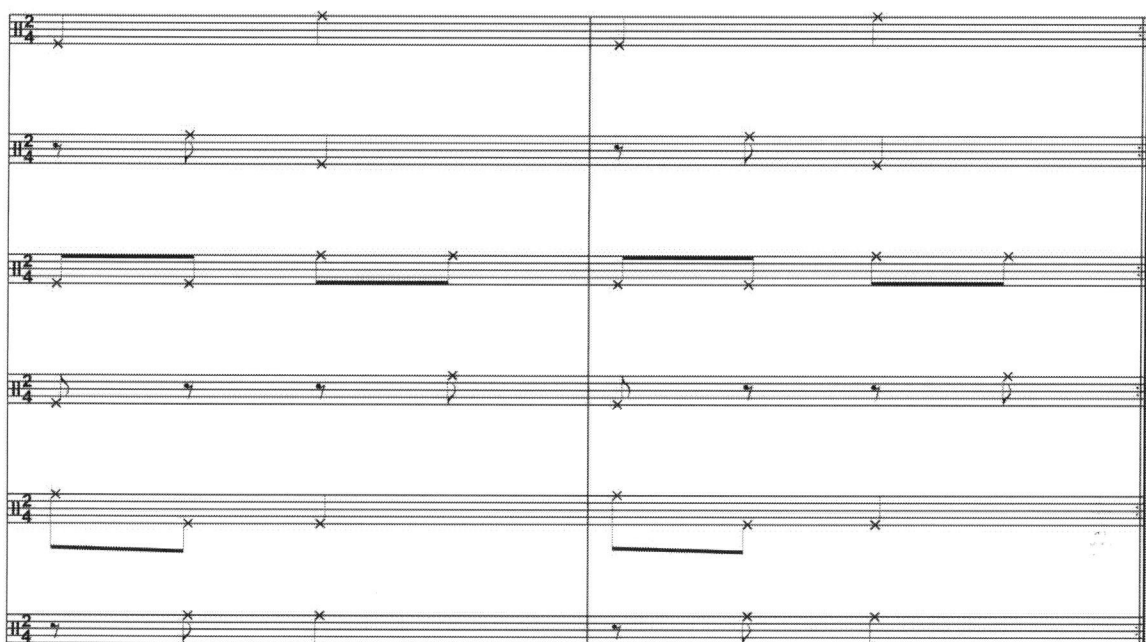

Progetto di improvvisazione strutturata.

STRUMENTI
metallofoni, xilofoni, barre intonate

FASE INTRODUTTIVA
- Iniziano le prime gocce: una nota isolata [lunga pausa]
- dopo alcuni secondi, nel silenzio, una risposta dall'angolo opposto
- poco a poco, dosando accuratamente gli interventi, la pioggia.

si farà in modo di non giungere troppo presto alla pioggia continua, tutto deve avvenire in modo estremamente graduale.

PATTERN
dopo la fase introduttiva si crea un pattern molteplice, variabile in cui si sovrappongono gli interventi dei singoli bambini.

VARIANTI nel PATTERN

- intensificazioni
- rarefazioni
- variazioni di velocità
- ampiezza
- frequenza (variando le note nel range di azione concordato)
- densità (velocità di esecuzione, note lente o rapide ma sempre staccato)
- sospensioni:

  ✓ si può sospendere l'apporto esecutivo del singolo che potrà fermarsi per un certo tempo e poi rientrare nel *gioco*.

  ✓ Si può prevedere la sospensione di più esecutori e conseguenti parti *solistiche*, in duo o trio per un tratto riprendendo dopo poco con il *tutti*.

- tutto può avvenire sulla base della libera improvvisazione
- possono essere assegnati piccolissimi pattern da reiterare.

FINALE
il finale può avvenire
in modo improvviso
per rarefazione
in diminuendo
con crescendo al *ff* e improvviso silenzio al cenno di chiusura

VARIANTI

- tuono improvviso *sff* e pioggia successiva
- altri tuoni al gesto dell'insegnante (attacco)
- varianti nelle sonorità con pioggia più o meno continua, scariche, aumento dell'intensità, rarefazione,...
- si introducono silenzi
- l'insegnante apre (fisicamente) una finestra/porta: pioggia
- chiude: i suoni delle gocce di pioggia non arrivano più (pausa generale improvvisa)

Questa e le successive composizioni ritmiche a due voci sono – a differenza delle *costruzioni modulari* – vere e proprie partiture, a due parti reali, da eseguirsi divisi in due sezioni con strumenti propedeutici (percussioni).

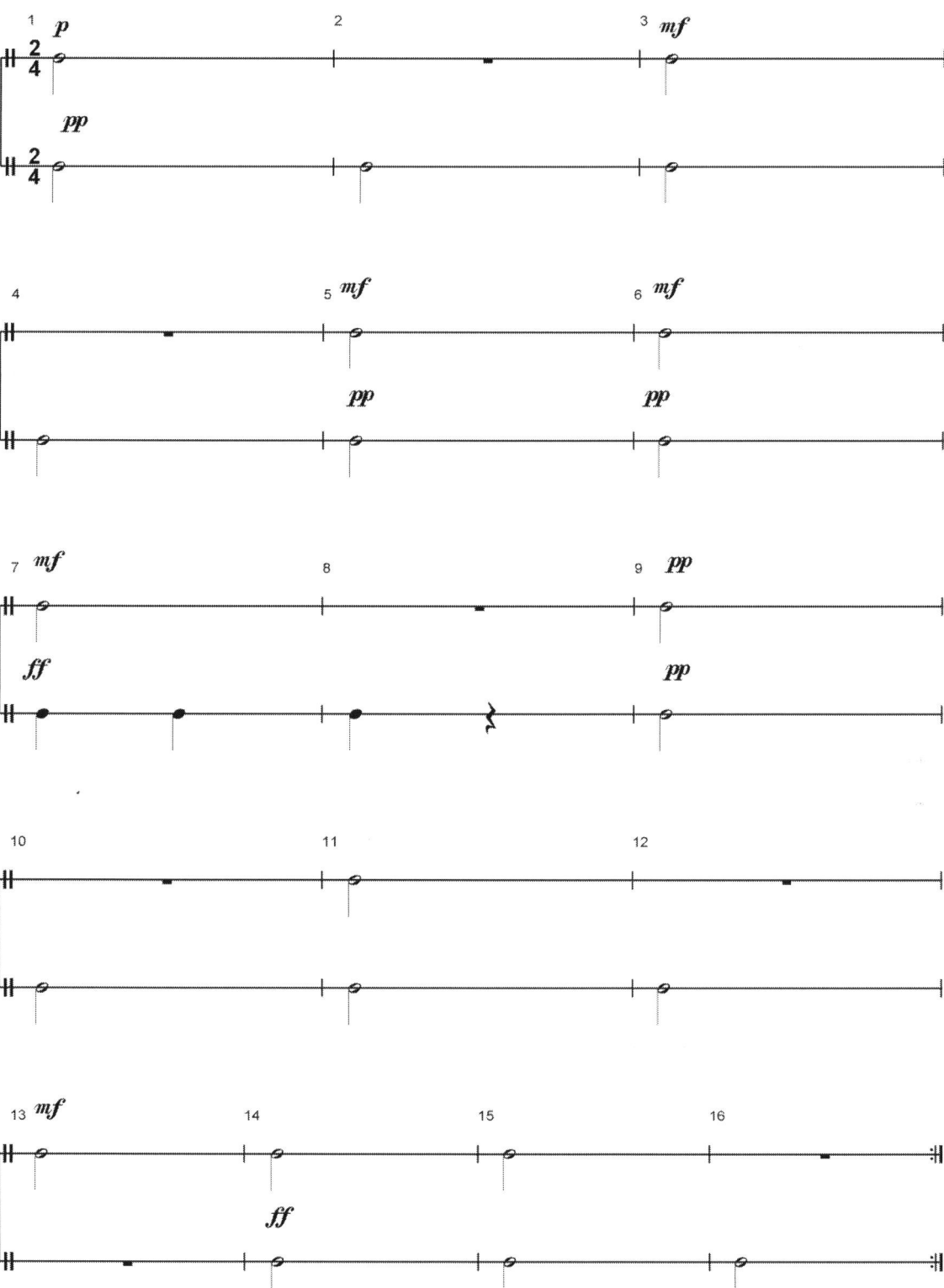

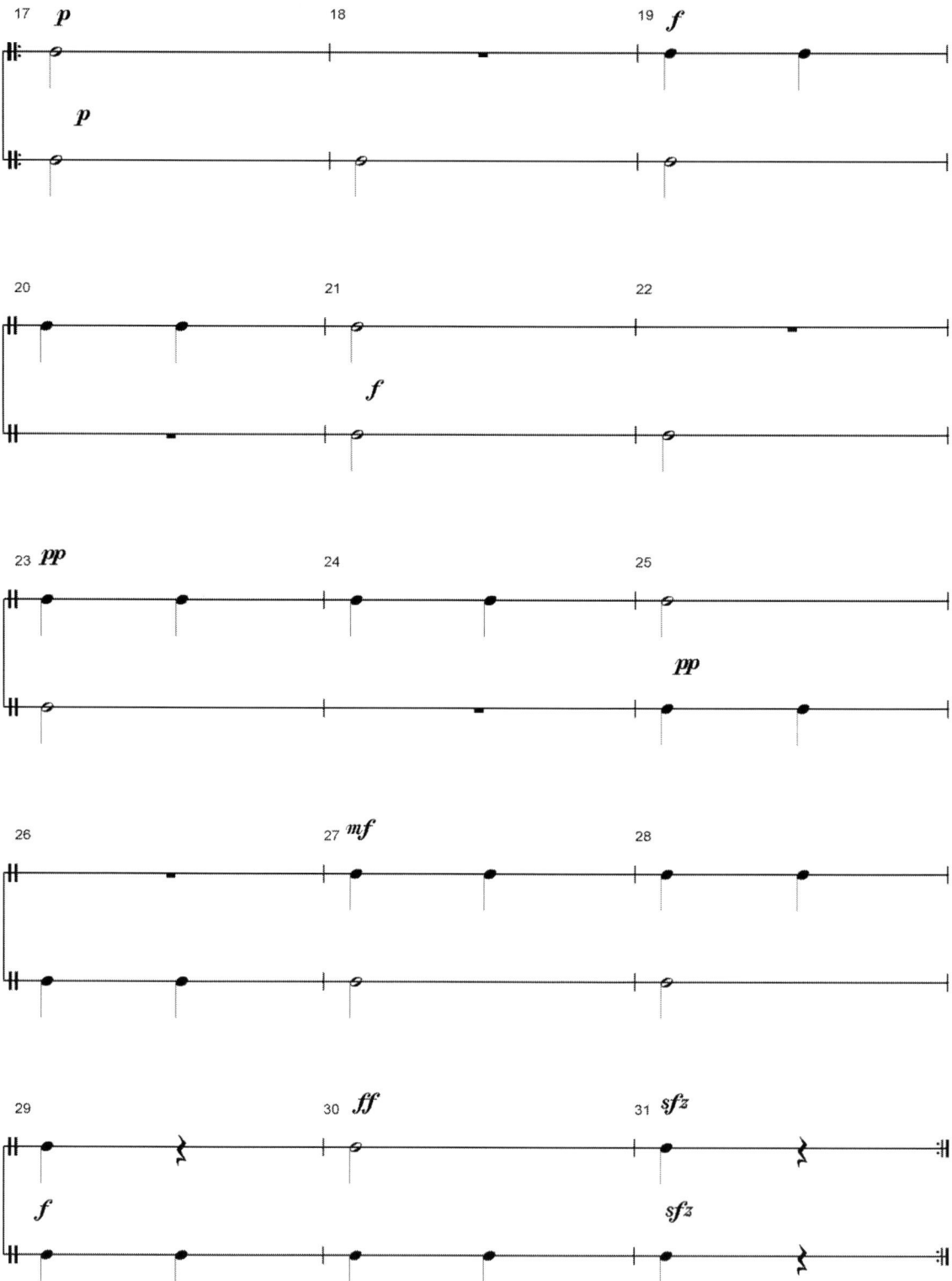

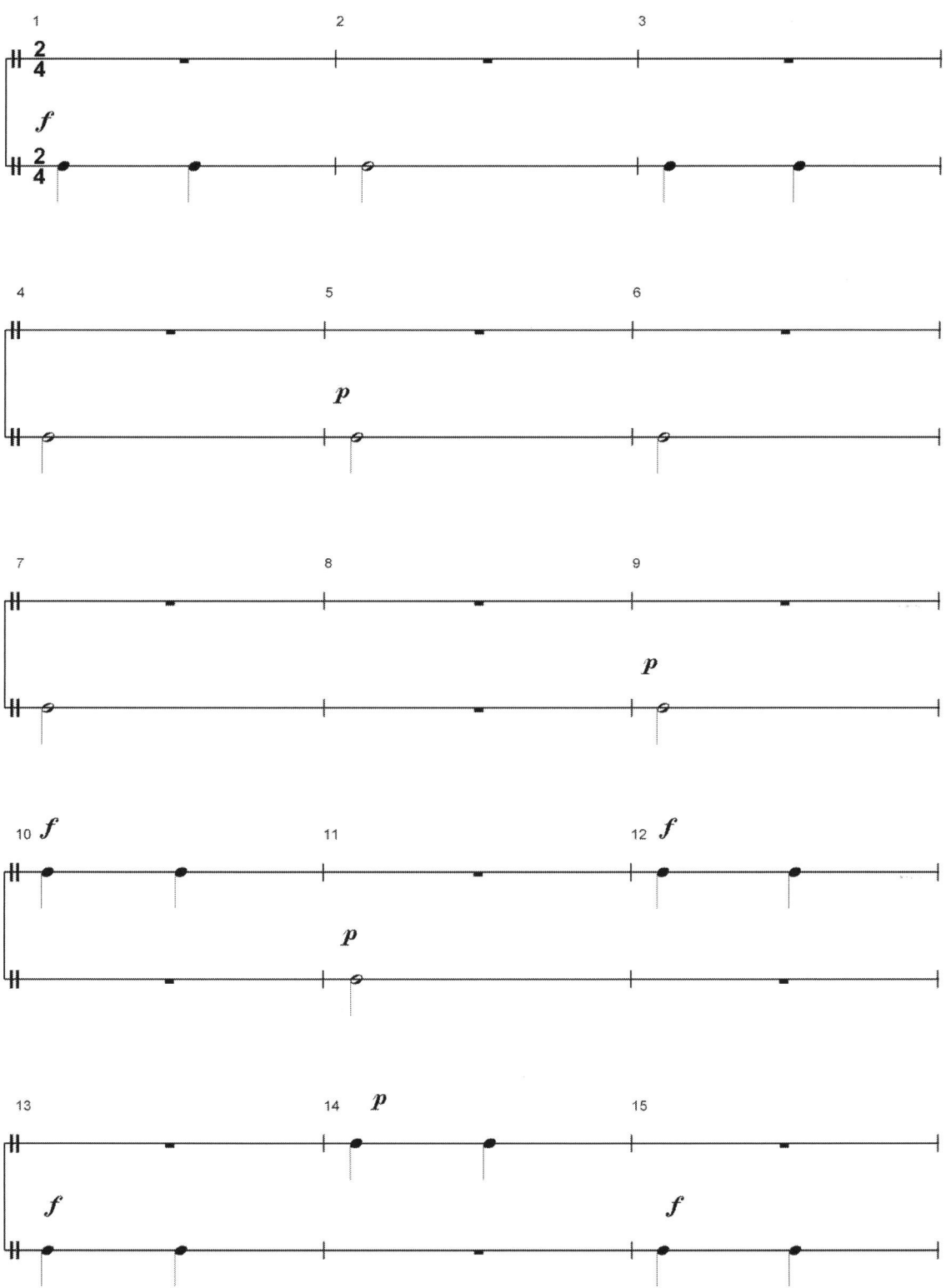

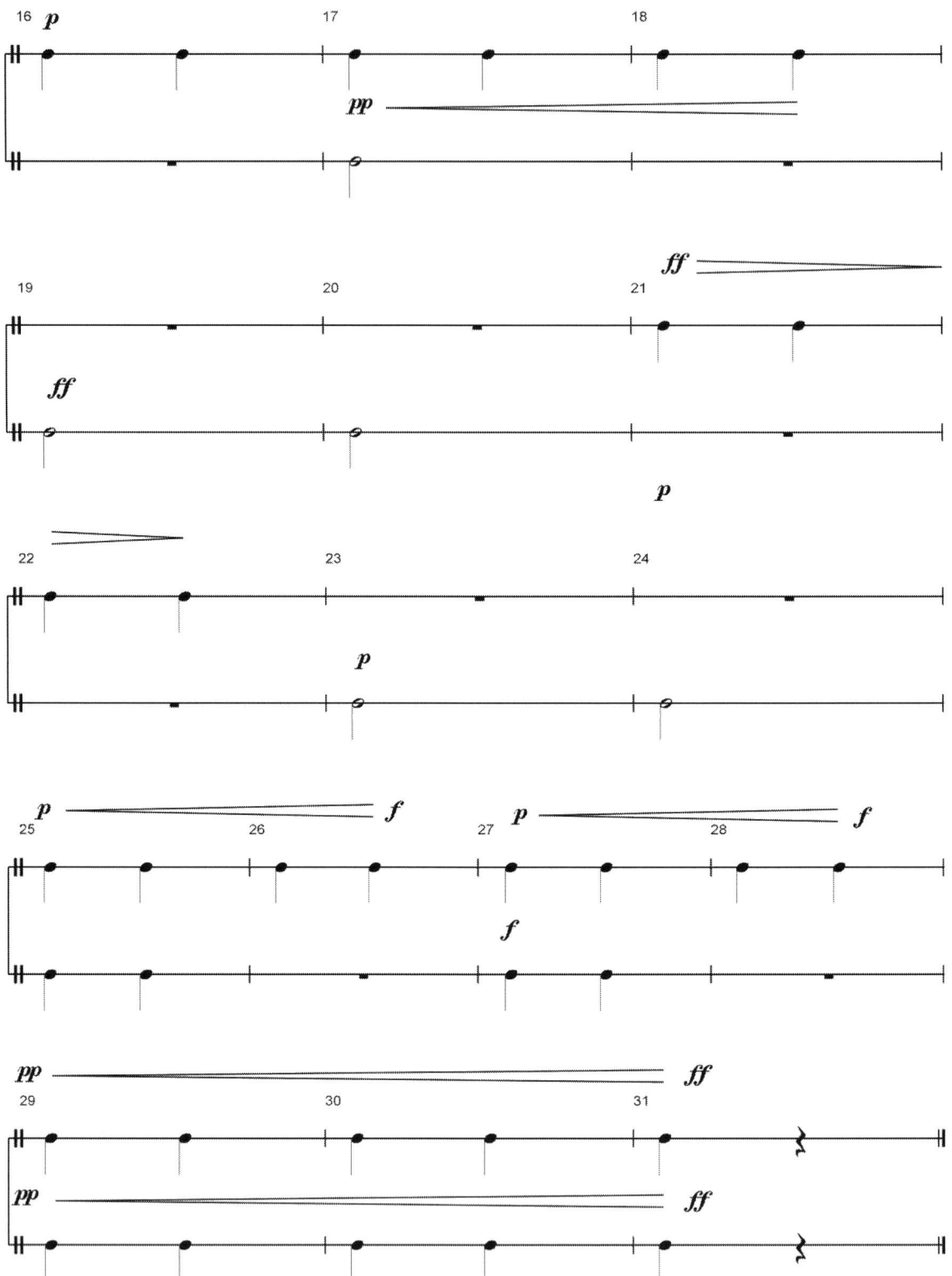

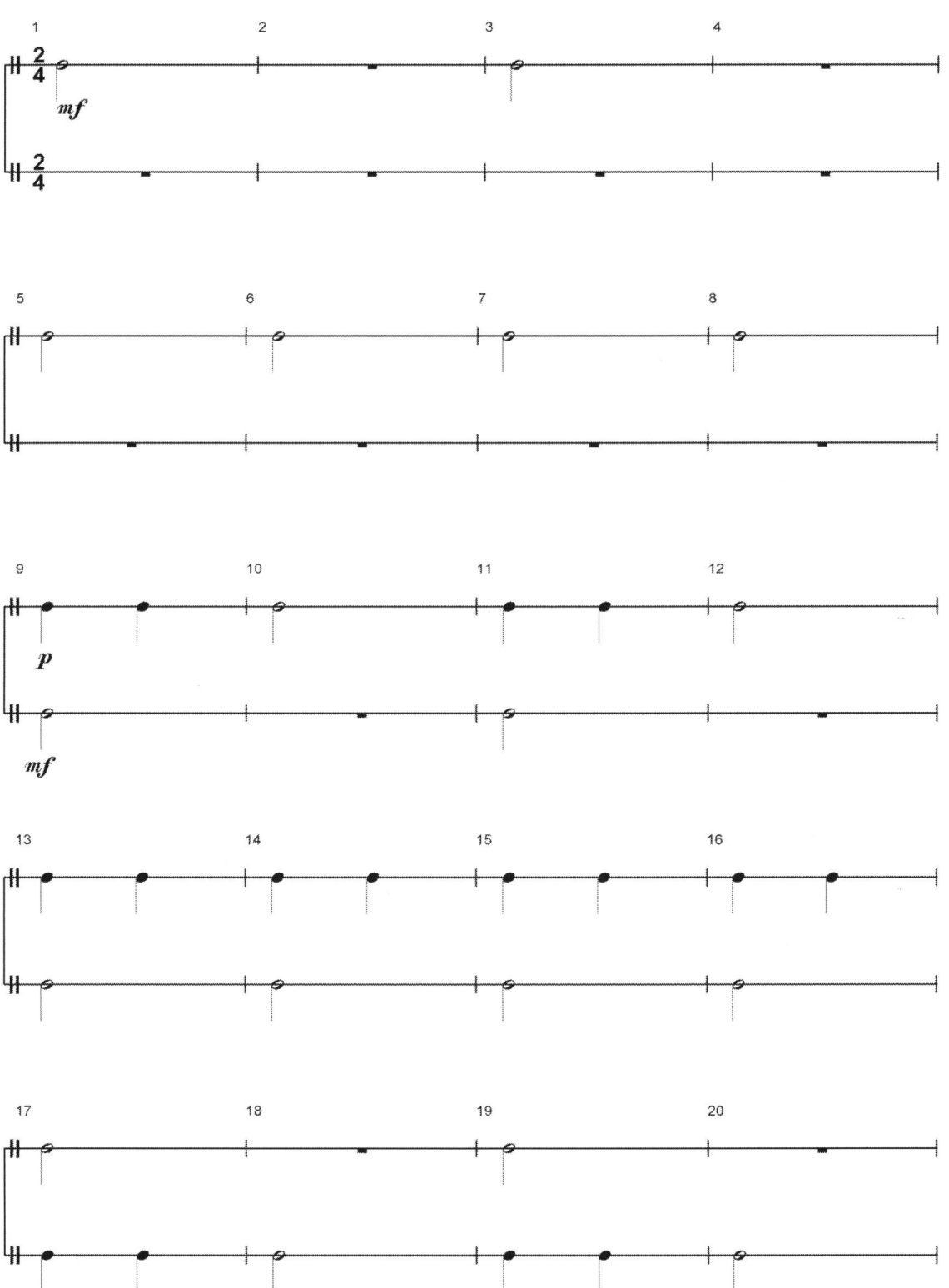

213

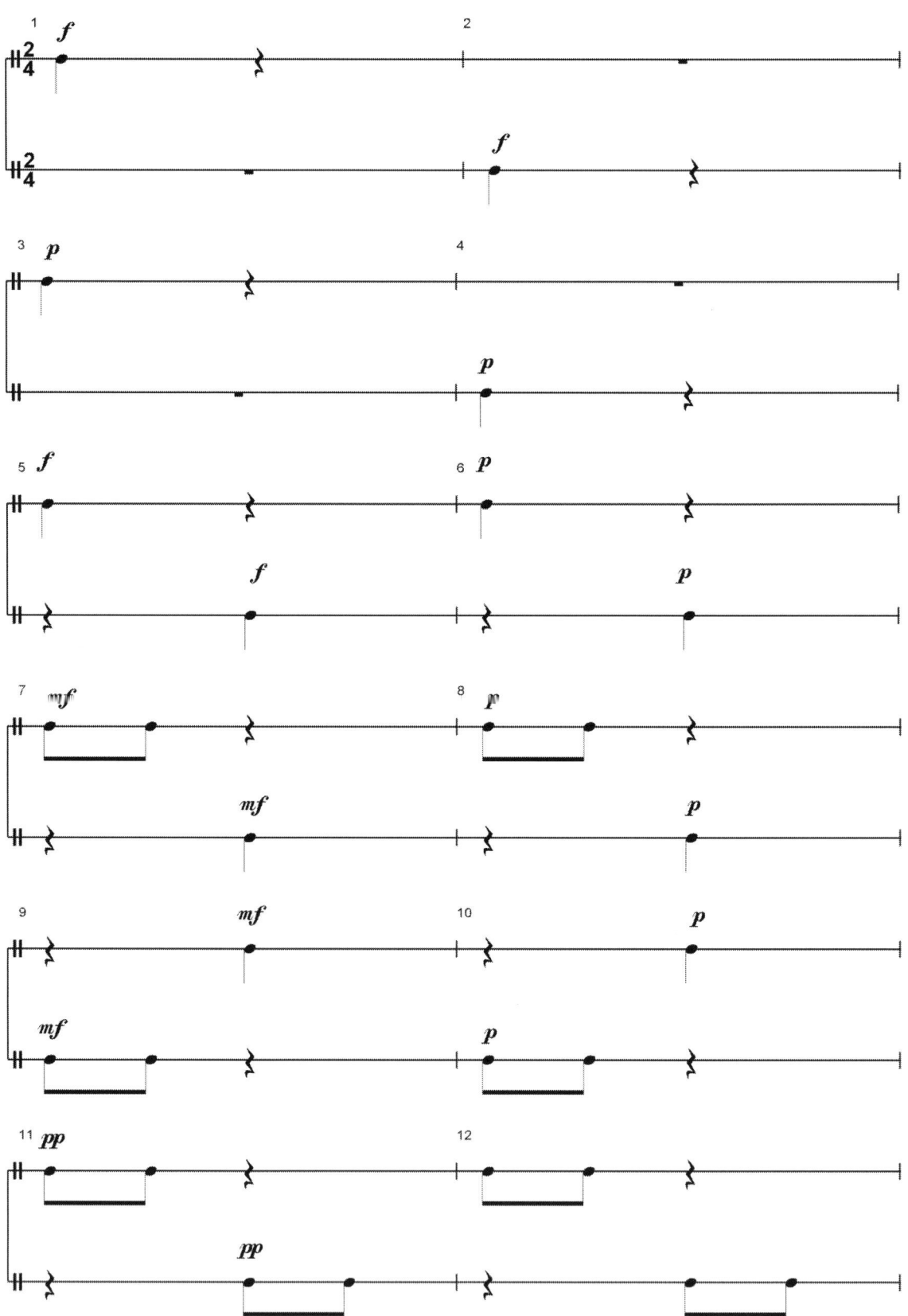

CANZONE POPOLARE UNGHERESE

Per ensemble di strumenti propedeutici

Arrangiamento vocale-strumentale per voci, strumenti propedeutici e pianoforte

Un con - cer - to di so - gno! Che ma

Un con - cer - to di so - gno! Che ma

-gia mai sa - rà. Tra la la la la la la la la

-gia mai sa - rà. Tra la la la la la la la la

la la la la la la la - la U - na co - sa più bel - la mai

U - na co - sa più bel - la mai

più sen - ti - rò! Tra la la la la la la la la la la la

più sen - ti - rò! Tra la la la la la la la la la la

la. U-na co - sa più bel - la mai più sen - ti

la U-na co - sa più bel - la mai più sen - ti

-rò! Tra la la la la la la la la la la la la.

-rò! Tra la la la la la la la la la la la

Parti staccate strumentali

1

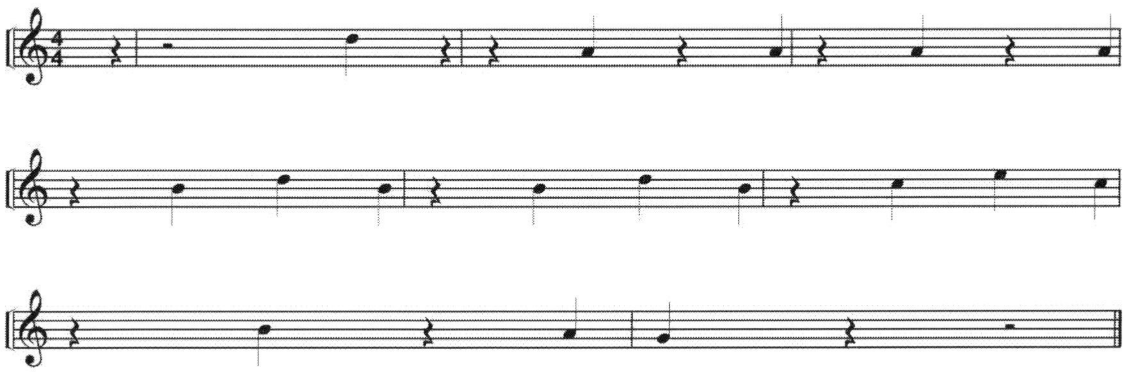

2

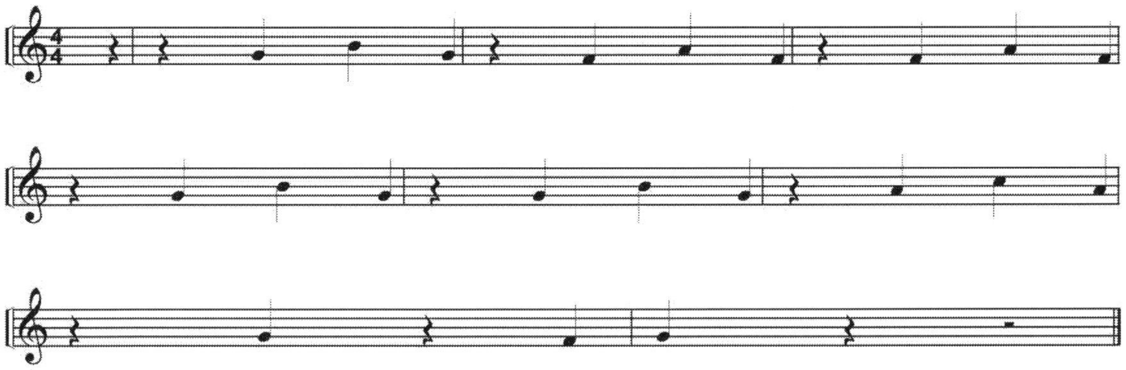

3

Questa partitura vocale-strumentale può essere eseguita in diversi modi:

1.
Gruppo unito, suona la parte introduttiva (barre intonate, metallofoni di varie grandezze, etc.) e passa poi a cantare. Questa soluzione è piuttosto impegnativa e richiede bambini più grandi o comunque con capacità sviluppate.

2.
Bambini divisi in due gruppi: il primo gruppo suona l'introduzione strumentale, il secondo continua con la parte vocale.

3
Bambini divisi in due gruppi: il primo gruppo suona l'introduzione strumentale, il secondo continua con la parte vocale.
In più:
durante la parte vocale i bambini del primo gruppo possono reinserirsi per eseguire di nuovo la propria parte insieme alle voci.

Lo schema esecutivo (utile per dare gli attacchi):

	I gruppo (strumentale)	II gruppo (vocale)
batt.1-8	parte strumentale (solo strumenti)	tace
batt.9-16	ripetere le batt. 1-8	entrata come da partitura, proseguono fino alla fine
batt.17-20	tace	
batt.21-24	ripete le battute 5-8	
batt.25-28	tace	
batt.29-32	ripete le battute 5-8	

Le indicazioni da memorizzare per bambini che suonano sono semplici:

all'attacco iniziale dell'insegnante: batt.1-8 (ripetere due volte)
ad ogni attacco successivo: batt. 5-8

222